●音声ダウンロード・ストリーミング

本書の付属 CD と同内容の音声がダウンロードならびにストリーミング再生でご利用いただけます。PC・スマートフォンで本書の音声ページにアクセスしてください。

https://www.sanshusha.co.jp/np/onsei/isbn/9784384058055/

まえがき

　仏検は正式名を実用フランス語技能検定試験 (Diplôme d'Aptitude Pratique au Français) といって，実際に役だつフランス語を広めようという考えかたから発足しました。第1回の実施は1981年ですから，長い歴史を刻んできたことになります。仏検準2級は3級と2級の大きすぎる開きを埋めるために2006年に発足しました。受験対象者としては，「学習300時間以上 (大学の3年修了程度)」が想定されています。

　語学学習は「話す，書く，聞く，読む」ということばが本来もっている役割を，できるだけむりのない段階を経ながら，総合的に身につけていかなければなりません。仏検は，長い時間をかけて錬成されてきた伝統的なフランス語教育の流れと実用的な語学力の養成に力点をおこうとする新しい流れが融合しながら構築されてきました。したがって仏検は，学習者の語学力をはかる客観的な尺度となるばかりではなく，総合的な語学力を向上させるのに適した学習プログラムを提供してくれます。

　本書は，筆者がいくつかの大学で「仏検講座」を担当するにあたって，準備した資料をもとにして作られました。これまでに出題された問題を分析して，出題傾向をわりだしました。この結果にもとづいて章や項目をたてました。問題形式としては，3級から引き継いでいるものと新機軸のものが混在しています。新たな問題形式は2級へと引き継がれていくものです。

　フランス語例文の作成にあたっては，公益財団法人フランス語教育振興協会発行の過去問題集を参考にさせていただきました。なお，本書作成にご協力いただいた小室康太氏とフランス語例文の校閲に協力していただいたアニー・フランス＝ルノドン氏にあつくお礼を申しあげます。また，本書の出版に際して編集面で寛大にお世話いただいた三修社編集部の菊池暁氏に心からの謝意を表します。

富田　正二

もくじ

筆記問題

1 前置詞　　　　　　　　　　　　　　　　　　　　　　　　　　　　　　　11
1. 場所，位置，方向などを表わす前置詞（1）— à, pour, dans, en, de, depuis, par — *12*
2. 場所，位置，方向などを表わす前置詞（2）— chez, contre, sur, sous, entre, parmi, devant, derrière, vers, jusqu'à — *13*
3. 時の前置詞（1）— à, vers, en, dans, pour, pendant, entre — *14*
4. 時の前置詞（2）— depuis, de, dès, jusqu'à, avant, après — *15*
5. その他の前置詞（1）— à, de — *16*
6. その他の前置詞（2）— en, par, sur, selon — *17*
7. その他の前置詞（3）— pour, contre, comme, malgré — *18*
8. その他の前置詞（4）— avec, sans, sauf — *19*
9. 形容詞・副詞の補語を導く前置詞— à, de, en, avec, pour — *20*
10. 動詞の補語を導く前置詞— à, de, sur, avec, par — *22*

2 定型表現　　　　　　　　　　　　　　　　　　　　　　　　　27
1. あいさつ　　　　　　　　　　　　　　　　　　　　　　　　　*28*
   ■ bon を用いた表現
2. 感謝する，謝る　　　　　　　　　　　　　　　　　　　　　　　*29*
   ■ tout を用いた表現
3. ça を用いた表現　　　　　　　　　　　　　　　　　　　　　　*30*
4. 感情表現，関心　　　　　　　　　　　　　　　　　　　　　　　*31*
   ■ 話し相手との意思疎通をはかるときに用いる表現
5. 判断　　　　　　　　　　　　　　　　　　　　　　　　　　　　*32*
6. 依頼，提案，許可　　　　　　　　　　　　　　　　　　　　　　*33*
7. 誘い，約束　　　　　　　　　　　　　　　　　　　　　　　　　*34*
8. 旅行　　　　　　　　　　　　　　　　　　　　　　　　　　　　*34*
9. 体調　　　　　　　　　　　　　　　　　　　　　　　　　　　　*35*
10. 人物描写　　　　　　　　　　　　　　　　　　　　　　　　　*35*
11. 買いもの，支払い　　　　　　　　　　　　　　　　　　　　　*36*
12. 注文　　　　　　　　　　　　　　　　　　　　　　　　　　　*37*
13. 食事　　　　　　　　　　　　　　　　　　　　　　　　　　　*37*
14. 通信，連絡，案内　　　　　　　　　　　　　　　　　　　　　*38*
    ■ さまざまなサイズや形の表現
15. 日常生活（1）　　　　　　　　　　　　　　　　　　　　　　*39*
16. 日常生活（2）　　　　　　　　　　　　　　　　　　　　　　*40*

3 動詞に関する問題　　　　　　　　　　　　　　　　　　　45
1. 生活・売買　　　　　　　　　　　　　　　　　　　　　　　　　*46*
2. 感情　　　　　　　　　　　　　　　　　　　　　　　　　　　　*47*

3. 学習・記憶		*48*
4. 援助		*49*
5. 認識・義務		*50*
■ 自然現象		
6. 判断		*51*
7. 意向		*52*
8. コミュニケーション		*53*
9. 見聞・提示		*54*
10. 授受		*55*
11. 運搬・移動 (1)		*56*
12. 移動 (2)		*57*
13. 離合・増減		*58*
14. 終始・断続		*59*

4 代名詞   *63*

1. 強勢形人称代名詞   *64*
2. 指示代名詞   *65*
3. 目的語人称代名詞   *66*
4. 中性代名詞   *68*
5. 関係代名詞   *70*
6. 疑問代名詞   *72*
   ■ 疑問形容詞
7. 間接疑問文   *73*
8. 不定代名詞   *74*
9. 所有代名詞   *76*

5 長文完成   *81*

6 長文読解   *89*

7 会話文完成   *97*

書き取り問題   *105*

聞き取り問題   *109*
 1 会話文   *109*
 2 長文   *117*

2次試験（面接試験）   *125*

実用フランス語技能検定模擬試験   *135*

別冊　練習問題の解答

実用フランス語技能検定試験について

　公益財団法人フランス語教育振興協会による試験実施要項にもとづいて，仏検の概要を紹介しておきます（2015年5月現在）。

7つの級の内容と程度

　次に紹介するのは，公益財団法人フランス語教育振興協会が定めているだいたいの目安です。だれでも，どの級でも受験することができます。試験範囲や程度について，もっと具体的な情報を知りたいという受験生には，過去に出題された問題を実際に解いてみるか，担当の先生に相談することをおすすめします。なお，併願は隣り合った2つの級まで出願することができます。ただし，1級と2級の併願はできません。

5級　　フランス語への入り口

程度　　　　　初歩的な日常的フランス語を理解し，読み，聞き，書くことができる。
標準学習時間　50時間以上（大学で，週1回の授業なら1年間，週2回の授業なら半年間の学習に相当）。

試験内容
　読む　　　　初歩的な単文の構成と文意の理解，短い初歩的な対話の理解。
　聞く　　　　初歩的な文の聞き分け，挨拶等日常的な応答表現の理解，数の聞き取り。
　文法知識　　初歩的な日常表現の単文を構成するのに必要な文法的知識。動詞としては，直説法現在，近接未来，近接過去，命令法の範囲内。
　語彙　　　　約550語

試験形式　　　1次試験のみ（100点）
　筆記　　　　問題数7問，配点60点。試験時間30分。マークシート方式。
　聞き取り　　問題数4問，配点40点。試験時間15分。マークシート方式，一部数字記入。
合格基準点　　60点

4級　　日常のフランス語

程度　　　　　基礎的な日常的フランス語を理解し，読み，聞き，書くことができる。
標準学習時間　100時間以上（大学で，週1回の授業なら2年間，週2回の授業なら1年間の学習に相当。高校生も対象となる）。

試験内容
　読む　　　　基礎的な単文の構成と文意の理解。基礎的な対話の理解。
　聞く　　　　基礎的な文の聞き分け，日常使われる基礎的応答表現の理解，数の聞き取り。
　文法知識　　基礎的な日常表現の単文を構成するのに必要な文法的知識。動詞としては，直説法（現在，近接未来，近接過去，複合過去，半過去，単純未来，代名動詞），命令法など。
　語彙　　　　約920語

試験形式	1次試験のみ（100点）
筆記	問題数8問，配点66点。試験時間45分。マークシート方式。
聞き取り	問題数4問，配点34点。試験時間約15分。マークシート方式，一部数字記入。
合格基準点	60点

3級　基礎の総まとめ

程度	フランス語の文構成についての基本的な学習を一通り終了し，簡単な日常表現を理解し，読み，聞き，話し，書くことができる。
標準学習時間	200時間以上（大学で，第一外国語としての授業なら1年間，第二外国語として週2回の授業なら2年間の学習に相当。一部高校生も対象となる）。
試験内容	
読む	日常的に使われる表現を理解し，簡単な文による長文の内容を理解できる。
書く	日常生活で使われる簡単な表現や，基本的語句を正しく書くことができる。
聞く	簡単な会話を聞いて内容を理解できる。
文法知識	基本的文法知識全般。動詞については，直説法，命令法，定型的な条件法現在と接続法現在の範囲内。
語彙	約1,700語
試験形式	1次試験のみ（100点）
筆記	問題数9問，配点70点。試験時間60分。マークシート方式，一部語記入。
聞き取り	問題数3問，配点30点。試験時間約15分（部分書き取り1問・10点を含む）。マークシート方式，一部語記入。
合格基準点	60点

準2級　一歩進んだフランス語

程度	日常生活における平易なフランス語を，聞き，話し，読み，書くことができる。
標準学習時間	300時間以上（大学の3年修了程度）。
試験内容	
読む	一般的な内容で，ある程度の長さの平易なフランス語の文章を理解できる。
書く	日常生活における平易な文や語句を正しく書くことができる。
聞く	日常的な平易な会話を理解できる。
話す	簡単な応答ができる。
文法知識	基本的文法事項全般についての十分な知識。
語彙	約2,300語

試験形式
  1次試験（100点）
    筆記　　　　問題数7問，配点70点。試験時間75分。マークシート方式，一部記述式（客観形式のほか，一部記述式を含む）。
    書き取り　　問題数1問，配点12点。試験時間（下記聞き取りと合わせて）約25分。
    聞き取り　　問題数2問，配点18点。語記入，記号選択。
  合格基準点　65点（2014年春季），68点（2014年秋季）
  2次試験（30点）
    個人面接試験　提示された文章を音読し，その文章とイラストについての簡単なフランス語の質問にフランス語で答える。フランス語での簡単な質疑応答。試験時間約5分。
    評価基準　　日常生活レベルの簡単なコミュニケーション能力とフランス語力（発音・文法・語・句）を判定する。
  合格基準点　19点（2014年春季），18点（2014年秋季）

2級　フランス語が「使える」
  程度　　　　　日常生活や社会生活を営む上で必要なフランス語を理解し，一般的なフランス語を，聞き，話し，読み，書くことができる。
  標準学習時間　400時間以上（大学のフランス語専門課程4年程度で，読む力ばかりでなく，聞き，話し，ある程度書く力も要求される）。
試験内容
  読む　　　　　一般的な事がらについての文章を読み，その内容を理解できる。
  書く　　　　　一般的な事がらについて，伝えたい内容を基本的なフランス語で書き表わすことができる。
  聞く　　　　　一般的な事がらに関する文章を聞いて，その内容を理解できる。
  話す　　　　　日常生活のさまざまな話題について，基本的な会話ができる。
  文法知識　　　前置詞や動詞の選択・活用などについて，やや高度な文法知識が要求される。
  語彙　　　　　約3,000語
試験形式
  1次試験（100点）
    筆記　　　　問題数7問，配点68点。試験時間90分。マークシート方式，一部記述式。
    書き取り　　問題数1問，配点14点。試験時間（下記聞き取りと合わせて）約35分。
    聞き取り　　問題数2問，配点18点。語記入，記号選択。
  合格基準点　63点（2014年春季），63点（2014年秋季）
  2次試験（30点）
    個人面接試験　日常生活に関する質問に対して，自分の伝えたいことを述べ，相手と対話を行なう。試験時間約5分。
    評価基準　　コミュニケーション能力（自己紹介，日常生活レベルの伝達能力）とフランス語力（発音・文法・語・句）を判定する。

合格基準点　　18点（2014年春季），19点（2014年秋季）

準1級　ビジネスレベルの実力

程度　　日常生活や社会生活を営む上で必要なフランス語を理解し，一般的な内容はもとより，多様な分野についてのフランス語を聞き，話し，読み，書くことができる。

標準学習時間　　500時間以上（大学のフランス語専門課程卒業の学力を備え，新聞・雑誌などの解説・記事を読み，その大意を要約できるだけのフランス語運用能力と知識が要求される）。

試験内容

　読む　　一般的な内容の文章を十分に理解できるだけでなく，多様な分野の文章についてもその大意を理解できる。

　書く　　一般的な事がらについてはもちろんのこと，多様な分野についても，あたえられた日本語を正確なフランス語で書き表わすことができる。

　聞く　　一般的な事がらを十分に聞き取るだけでなく，多様な分野に関わる内容の文章の大意を理解できる。

　話す　　身近な問題や一般的な問題について，自分の意見を正確に述べ，相手ときちんとした議論ができる。

　文法知識　　文の書き換え，多義語の問題，前置詞，動詞の選択・活用などについて，かなり高度な文法知識が要求される。

　語彙　　約5,000語

試験形式

　1次試験（120点）

　　筆記　　問題数8問，配点80点。試験時間100分。記述式，一部記号選択。

　　書き取り　　問題数1問，配点20点。試験時間（下記聞き取りと合わせて）約35分。

　　聞き取り　　問題数2問，配点20点。語記入，記号選択。

合格基準点　　69点（2014年）

　2次試験（40点）

　　個人面接試験　　あたえられたテーマのなかから受験者が選んだものについての発表と討論。試験時間約7分。

　　評価基準　　コミュニケーション能力（自分の意見を要領よく表現する能力）とフランス語力（発音・文法・語・句）を判定する。

合格基準点　　22点（2014年）

1級　フランス語マスターへ

程度　　「聞く」「読む」「書く」「話す」という能力を高度にバランスよく身につけ，フランス語を実地に役立てる職業で即戦力となる。

標準学習時間　　600時間以上

試験内容

　読む　　現代フランスにおける政治・経済・社会・文化の幅広い領域にわたり，

	新聞や雑誌の記事など，専門的かつ高度な内容の文章を，限られた時間の中で正確に読みとることができる。
書く	あたえられた日本語をフランス語としてふさわしい文に翻訳できる。その際，時事的な用語や固有名詞についての常識も前提となる。
聞く	ラジオやテレビのニュースの内容を正確に把握できる。広く社会生活に必要なフランス語を聞き取る高度な能力が要求される。
話す	現代社会のさまざまな問題について，自分の意思を論理的に述べ，相手と高度な議論が展開できる。
文法知識	文の書き換え，多義語の問題，前置詞，動詞の選択・活用などについて，きわめて高度な文法知識が要求される。
語彙	制限なし

試験形式

1次試験（150点）

筆記	問題数9問，配点100点。試験時間120分。記述式，一部記号選択。
書き取り	問題数1問，配点20点。試験時間（下記聞き取りと合わせて）約40分。
聞き取り	問題数2問，配点30点。語記入，記号選択。

合格基準点　87点（2014年）

2次試験（50点）

個人面接試験	あたえられたテーマのなかから受験者が選んだものについての発表と討論。試験時間約9分。
評価基準	コミュニケーション能力（自分の意見を要領よく表現する能力）とフランス語力（発音・文法・語・句）を判定する。

合格基準点　31点（2014年）

注意　＊聞きとり試験には，フランス人が吹きこんだCDを使用します。
　　　＊3級・4級・5級には2次試験はありません。
　　　＊1級・準1級・2級・準2級の1次試験の合格基準点は，試験ごとに若干の変動があります。2次試験は，1次試験の合格者だけを対象とします。なお，最終合格は1次試験と2次試験の合計点ではなく，2次試験の結果だけで決まります。
　　　＊2次試験では，フランス語を母国語とする人ならびに日本人からなる試験委員がフランス語で個人面接をします。

試験日程

　春季と秋季の年2回（1級は春季，準1級は秋季だけ）実施されます。なお，願書の受付締め切り日は，1次試験の約1カ月半まえです。

春季	《1次試験》6月	1級，2級，準2級，3級，4級，5級
	《2次試験》7月	1級，2級，準2級
秋季	《1次試験》11月	準1級，2級，準2級，3級，4級，5級
	《2次試験》翌年1月	準1級，2級，準2級

試験地

　受験地の選択は自由です。具体的な試験会場は，受付がすんでから受験生各人に連絡されます。2次試験があるのは1級，準1級，2級，準2級だけです。

〈1次試験〉

　札幌，弘前，盛岡，仙台，秋田，福島，水戸（1級・準1級は実施せず），宇都宮（1級・準1級・2級は実施せず），群馬，草加，千葉，東京，横浜，新潟（1級・準1級は実施せず），金沢，甲府，松本，岐阜，静岡，三島，名古屋，京都，大阪，西宮，奈良，鳥取，松江（1級は実施せず），岡山，広島，高松（1級・準1は実施せず），松山（1級・準1級は実施せず），福岡，長崎，熊本（1級・準1級・2級は実施せず），別府（1級は実施せず），宮崎（準1・2級は実施せず），鹿児島（1級・準1級・2級は実施せず），西原町（沖縄県）（準2級は実施せず），パリ（1級・準1級のみ実施）

〈2次試験〉　＊準2級のみ実施

　札幌，盛岡，仙台，群馬（1級・準1級は実施せず），東京，新潟（1級は実施せず），金沢，静岡，名古屋，京都，大阪，松江＊，岡山＊，広島，高松（1級・準1級は実施せず），福岡，長崎，熊本＊，西原町（沖縄県）（準2級は実施せず），パリ（1級・準1級のみ実施）

　注意　試験日程および会場は，年によって変更される可能性がありますので，
　　　　詳しくは仏検事務局までお問い合わせください。

問い合わせ先　　公益財団法人　フランス語教育振興協会　仏検事務局

　〒102-0073　東京都千代田区九段北1-8-1　九段101ビル
　TEL 03-3261-9969　　　FAX 03-3239-3157
　URL: www.apefdapf.org
　e-mail: dapf@apefdapf.org
　受付時間：月曜日〜金曜日（祝祭日を除く）9：00〜17：00

本書の構成と使いかた

　本書は準2級が発足した2006年以降の出題傾向に準拠して作成しました。
　原則として各章は，そのまま実用フランス語技能検定試験問題の設問に沿って構成されています。たとえば，「1 前置詞」は仏検試験問題の第1問として出題されます。したがって，かならずしも章の順番どおりに学習してゆく必要はありません。定型表現の知識を整理したい人は「2 定型表現」を重点的に学習してもいいし，代名詞に不安のある人は「4 代名詞」から始めてもいいということです。最後のページに出題形式をコピーした「実用フランス語技能検定模擬試験」がついています。問題集を終えたら試してみてください。
　筆記問題の第7章までは，原則として学習項目と各項目に対応する練習問題がセットになっています。まず学習項目をよく読んでから練習問題にとりかかってください。各章の終わりに，6問からなる「まとめの問題」を配しました。これは，仏検の各設問と同じ形式で作成してあります。なお，筆記問題の「長文」と「会話文」や聞き取り問題には学習項目の解説がありません。これは筆記問題第7章までの学習項目が，たとえば「長文」や「会話文」というように形式をかえて出題されている総合問題だからです。
　また，仏検準2級からは1次試験合格者に口頭試験（2次試験）が課せられています。本書で試験傾向を勉強しながら，受け身の学習だけではなく，自ら発信する術も身につけていきましょう。
　練習問題の解答は別冊になっています。なお，仏検の解答用紙は記述問題をのぞいて，マークシート方式です。本書では紙幅の関係でマークシート方式にはなっていませんのでご了承ください。「実用フランス語技能検定模擬試験」は仏検と同じ形式の解答用紙です。
　仏検準2級は，さらに上級レベルへステップアップするうえでとても重要な級です。じっくりと腰を落ち着けて，確実な学力の向上をめざしましょう。

　Bon courage !

前置詞

筆記問題 1

　提示されたフランス語文の空欄に入れるのにもっとも適切な前置詞を選択肢のなかから選ぶ問題です。配点は8点です。
　前置詞は5級から1級までの全級で出題されますが，前置詞の意味さえ知っていれば解ける問題の比率は級が進むにつれて低くなります。ふだんフランス語文に接するとき，形容詞や動詞と前置詞の組み合わせや慣用表現のなかの前置詞に注目する習慣を身につけましょう。このとき前置詞の日本語訳ばかりにたよるのは禁物です。

1. 場所，位置，方向などを表わす前置詞 (1) ─ à, pour, dans, en, de, depuis, par ─
2. 場所，位置，方向などを表わす前置詞 (2) ─ chez, contre, sur, sous, entre, parmi, devant, derrière, vers, jusqu'à ─
3. 時の前置詞 (1) ─ à, vers, en, dans, pour, pendant, entre ─
4. 時の前置詞 (2) ─ depuis, de, dès, jusqu'à, avant, après ─
5. その他の前置詞 (1) ─ à, de ─
6. その他の前置詞 (2) ─ en, par, sur, selon ─
7. その他の前置詞 (3) ─ pour, contre, comme, malgré ─
8. その他の前置詞 (4) ─ avec, sans, sauf ─
9. 形容詞・副詞の補語を導く前置詞 ─ à, de, en, avec, pour ─
10. 動詞の補語を導く前置詞 ─ à, de, sur, avec, par ─

1 場所，位置，方向などを表わす前置詞 (1)

① **à** …に，…で，…へ
   Je vais passer une semaine *à* Paris. 私はパリで1週間過ごす。
   À quelle heure vas-tu *à* l'école ? 君は何時に学校へ行くの？
   Qu'est-ce que tu ferais *à* ma place ? もし私の立場だったら，君はどうする？

② **pour** …に向かって，…行きの
   Je vais prendre le train *pour* Brest. 私はブレスト行きの列車に乗る。

③ **dans** …のなかで，…のなかに
   Il a oublié son parapluie *dans* sa voiture. 彼は車のなかに傘を忘れた。
   Il est monté *dans* un taxi. 彼はタクシーに乗った。
   Ils sont *dans* une mauvaise situation. 彼らは困難な状況にある。(状態)

④ **en** …で，…に
   J'aimerais habiter *en* banlieue. 私は郊外に住みたいのだが。
   Le train va entrer *en* gare. まもなく列車が駅に入ってくる。
   Madame Bernard est *en* classe. ベルナール先生は授業中です。
   Il a fait un pas *en* arrière [*en* avant]. 彼は1歩後ろへさがった [まえへでた]。

⑤ **de** …から
   Ils sont partis *de* Strasbourg le 15 juin. 彼らは6月15日にストラスブールを発った。
   Mon portefeuille est tombé *de* ma poche. 私の財布はポケットから落ちた。

⑥ **depuis** …から
   On entend de la musique *depuis* la rue. 通りから音楽が聞こえる。

⑦ **par** …から，…を通って
   Entrez *par* la porte de gauche. 左側のドアから入ってください。
   Passez *par* ici, s'il vous plaît. こちらから，どうぞ。

EX. 1 （　　）内に適切な前置詞を記入しなさい。

(1) (　　　　) avant, marche !
(2) Ne laisse pas ta chambre (　　　　) un désordre pareil.
(3) N'y allez pas (　　　　) ce chemin, c'est plus long.
(4) Son fils étudie (　　　　) l'université de Nice.
(5) Vous avez un billet d'avion (　　　　) Bonn ?

2 場所，位置，方向などを表わす前置詞 (2)

① **chez** …の家に，…の店で，…の国では
J'ai rendez-vous *chez* le médecin à 10 heures. 　私は医者に10時の予約をしている。
Chez nous, on roule à gauche. 　私たちの国では車は左側通行だ。

② **contre** …にぴたりとつけて
Il a poussé le lit *contre* le mur. 　彼はベッドを壁にぴったりつけた。

③ **sur** …の上に，…の方に
Il va pleuvoir *sur* le sud de l'Angleterre. 　イギリス南部ではまもなく雨になる。
Je n'ai pas d'argent *sur* moi. 　私はお金の持ち合わせがない。
La mairie est un peu plus loin, *sur* la droite. 　市役所はもう少し先の右側です。

④ **sous** …の下に
Tu arrives à nager *sous* l'eau ? 　君は水中に潜ることができる？
Il a oublié de mettre sa lettre *sous* enveloppe. 　彼は手紙を封筒に入れるのを忘れた。

⑤ **entre** (2つのものをさす名詞) のあいだに
L'hôtel se trouve *entre* la librairie et le café. 　ホテルは本屋とカフェのあいだにある。

⑥ **parmi** (3つ以上のものをさす名詞) のなかで
J'ai reconnu Jean *parmi* des invités. 　私は招待客のなかからジャンを見わけた。

⑦ **devant** …のまえに
Il y a une voiture arrêtée *devant* chez moi. 　私の家のまえに1台の車が止まっている。

⑧ **derrière** …のうしろに
Un chien a couru *derrière* notre voiture. 　1匹の犬が私たちの車を追いかけてきた。

⑨ **vers** …の方へ
Toutes ces voitures roulent *vers* Paris. 　これらすべての車はパリへ向かっている。

⑩ **jusqu'à** …まで
Il a de l'eau *jusqu'aux* genoux. 　彼は膝まで水につかっている。

EX. 2 ( ) 内に適切な前置詞を記入しなさい。
(1) À cet examen, il était le deuxième, ( ) Laurent.
(2) En hiver, ce village est ( ) la neige.
(3) J'aime marcher seule ( ) la plage.
(4) N'oublie pas de passer ( ) le boulanger après ton travail.
(5) On était serrés les uns ( ) les autres dans le métro.

3 時の前置詞 (1)

① **à** …に，…のときに
　　Il est arrivé *à* trois heures précises.　　彼はちょうど3時に着いた。
　　Je t'appellerai *à* mon retour.　　帰ったら電話するよ。

② **vers** …ごろに
　　Ils n'arriveront que *vers* trois heures.　　彼らは3時ごろにしかつかないだろう。

③ **en** …に，…かかって
　　En hiver, il neige beaucoup dans cette région.　　この地域は冬には大雪が降る。
　　J'ai fini mon devoir *en* une heure.　　私は1時間で宿題を終えた。

④ **dans** …のあいだに；〈**dans**＋時間表現〉（今から）…後に
　　Je suis libre demain *dans* la matinée.　　あすの午前中は空いている。
　　Le musée ouvre ses portes *dans* cinq minutes.　　美術館は5分後に開館する。

⑤ **pour** …の予定で，…の機会に
　　Je pars *pour* trois jours seulement.　　私はたった3日の予定で出発する。
　　Ma fille va venir *pour* Noël.　　もうすぐ娘がクリスマスでやってくる。

⑥ **pendant** …のあいだに
　　Nous avons roulé *pendant* cinq heures.　　私たちは5時間車を走らせた。
　　Ils ont discuté de politique *pendant* deux heures.
　　　　　　　　　　　　　　　　　　　　彼らは2時間政治について議論した。

⑦ **entre** …から…までのあいだに
　　On se verra *entre* midi et deux heures.　　正午から2時のあいだに会いましょう。

EX. 3　（　）内に適切な前置詞を記入しなさい。
(1) (　　　) demain, je dois dessiner une carte de France.
(2) Elle a fait toute la vaisselle (　　　) un quart d'heure.
(3) J'irai te voir (　　　) deux jours.
(4) Je suis au bureau (　　　) 14 et 18 heures, tous les jours.
(5) (　　　) ta maladie, j'ai été très inquiet.

4 時の前置詞 (2)

① **depuis** …以来，…まえから
　　Ma fille dort *depuis* deux heures.　　　　私の娘は2時からずっと眠っている。
　　On ne l'a pas vu *depuis* un an au moins.　少なくとも1年まえから彼には会っていない。

② **de** …から，…に
　　On trouve des fraises *de* mai à juillet.　　イチゴは5月から7月まででまわる。

③ **dès** （起点を強調して）…からすぐに
　　Téléphonez-moi *dès* ce soir.　　　　　　今晩すぐに電話をください。

④ **jusqu'à** …まで
　　Tu prendras congé *jusqu'à* quand ?　　　君はいつまで休暇をとるの？

⑤ **avant** …の前に，…までに；…する前に
　　Il est parti *avant* sa sœur.　　　　　　　彼は姉［妹］よりまえに出かけた。
　　Reviens *avant* dix heures.　　　　　　　10時までには帰ってきてね。
　　Il prend un café *avant* de se remettre au travail.
　　　　　　　　　　　　　　　　　　　　彼は仕事に戻るまえにコーヒーを飲む。

⑥ **après** …のあとに；…したあとで
　　Je jouerai au tennis *après* la classe.　　　私は放課後テニスをする。
　　Le rendez-vous a été remis à *après* lundi.　会合は月曜日以降に延期された。
　　Il est rentré tout de suite *après* avoir mangé.　彼は食事をするとすぐに帰った。

EX. 4 （　　）内に適切な前置詞を記入しなさい。
(1) Aujourd'hui, les élèves ont classe (　　　　) huit heures à midi.
(2) (　　　　) avoir consulté mon mari, je prendrai une décision.
(3) Je ne peux pas rester (　　　　) la fin de la réunion.
(4) Je veux visiter la Chine (　　　　) de repartir au Japon.
(5) Ma voiture est chez le garagiste (　　　　) une semaine.

5 その他の前置詞 (1)

① à

(a) 〔手段, 媒介〕…で, …によって
 Je vais au travail *à* bicyclette. 　　　　私は自転車で仕事に行く。
 J'ai écouté les nouvelles *à* la radio. 　　私はそのニュースをラジオで聞いた。

(b) 〈名詞, 不定代名詞＋ **à** ＋不定詞〉〔義務, 用途〕…すべき, …するための
 Tu as quelque chose *à* dire ? 　　　　　君はなにか言うことがあるの？

(c) 〔用途, 値段, 所属〕…のための, …のものである
 Posez les verres *à* bière sur la table. 　　テーブルにビールグラスを置いてください。
 Mon fils a acheté un bonbon *à* un euro. 　息子は1ユーロのキャンディーを買った。

(d) 〔準拠〕…によれば
 À ma montre, il est midi moins dix. 　　私の時計では正午まえ10分です。

② de

(a) 〈不定代名詞 (**rien, personne, quelque chose, quelqu'un**) ＋ **de** ＋形容詞〉
 Ne pose rien *de* lourd sur cette boîte ! 　その箱のうえに重いものはなにも置くな！

(b) 〔数量, 程度〕…だけ
 Je suis moins âgé que Renée *de* deux ans. 　ぼくはルネより2歳年下です。

(c) 〈**de** ＋不定詞〉
 Je m'excuse *de* vous déranger. 　　　　　お邪魔してすみません。
 C'est agréable *de* se promener dans la forêt. 森を散歩するのは心地よい。

(d) 〔原因, 理由〕…のために
 On meurt *de* froid dans cette pièce. 　　この部屋は寒くて死にそうだ。

(e) 〔分量, 内容〕…の入った
 Il y a une vingtaine *de* personnes dans la pièce. 部屋には20人くらいの人がいる。
 Tu peux acheter un litre *de* lait ? 　　　牛乳1リットルを買ってくれない？

EX. 5 （　）内に適切な前置詞を記入しなさい。
 (1) Ce chanteur a vendu un million (　　　) CD.
 (2) Fermez la porte (　　　) clé.
 (3) J'ai une bonne nouvelle (　　　) vous annoncer.
 (4) Je me suis couché à deux heures du matin, je meurs (　　　) sommeil.
 (5) (　　　) mon avis, tu ferais mieux de renoncer à cette idée.

6 その他の前置詞 (2)

① en

(a) [状態，様態，服装，材料，変化] …の状態で，…を着た，…でできた

Ma voiture est *en* panne. 私の車は故障している。
Corinne est toujours habillée *en* noir. コリーヌはいつも黒い服を着ている。
Cette statue ancienne est *en* pierre. この古い彫像は石でできている。
Coupe le gâteau *en* quatre, s'il te plaît. ケーキを4等分に切り分けてね。

(b) [手段，方法] …で，…によって

Tu es venu *en* train ou *en* voiture ? 君は列車で来たの，それとも車？
Comment dit-on le mot « chat » *en* anglais ? 「猫」は英語で何といいますか？

② par

(a) [手段，方法，媒介，動機，原因] …によって，…を用いて，…を通して

Répondez *par* oui ou *par* non. 「はい」か「いいえ」で答えてください。
Il est arrivé à Rouen *par* le dernier train. 彼は最終列車でルーアンについた。
J'ai appris la nouvelle *par* mes parents. 私はそのニュースを両親から聞いた。
Il l'a épousée *par* amour. 彼は彼女と恋愛結婚をした。

(b) 〈par ＋無冠詞名詞〉[配分] …につき，…当たり

Nous avons bu une bouteille *par* personne. 私たちは1人当たり1瓶飲んだ。

③ sur

(a) [主題] …に関して

J'ai appris quelque chose *sur* mon professeur. 私は先生に関する情報を少し耳にした。

(b) [比率] …のうち，…に対して

J'ai obtenu 18 *sur* 20 à mon examen. 私は試験で20点満点の18点だった。

④ selon …によれば

Selon la météo, il va neiger. 天気予報によると，まもなく雪になる。

EX. 6 （　）内に適切な前置詞を記入しなさい。

(1) Deux invités (　　　) huit sont arrivés en retard.
(2) Elle a refusé l'invitation (　　　) fatigue.
(3) Il a repeint toute sa chambre (　　　) vert.
(4) (　　　) les journaux, il va faire très froid cet hiver.
(5) Raconte-moi ce qui s'est passé (　　　) quelques mots.

7 その他の前置詞 (3)

① **pour**

(a) ［目的，用途］…のために；…するために，…宛の
Le musée est fermé *pour* restauration. 美術館は修復のために閉館している。
Je vais au marché *pour* acheter des fruits. 私は果物を買うために市場へいく。
Il a du goût *pour* la lecture. 彼は読書好きだ。
C'est un cadeau *pour* toi. これは君へのプレゼントだ。

(b) ［原因，理由］…のために，…のせいで
Elle a été félicitée *pour* son courage. 彼女は勇気ある行動をほめられた。

(c) 〈**assez, trop** ＋形容詞＋ **pour** ＋不定詞〉［適合］…するにはあまりに…だ，あまりに…なので…できない
Elle est trop jeune *pour* se marier. 彼女は結婚するには若すぎる。

(d) ［比較］…にしては
Cette fille est très mûre *pour* son âge. この娘は年齢のわりにはとても分別がある。

② **contre** ［対抗，対立］…に反して
Il a quelque chose *contre* nous ? 彼は私たちになにやら反感を抱いている？

③ **comme**（接続詞）

(a) ［比較，様態］…のように
Il a les yeux bleus *comme* sa mère. 彼は母親と同じ青い目をしている。

(b) 〈**comme** ＋無冠詞名詞〉［資格］…として
Qui est-ce que tu as pris *comme* secrétaire ? 君は秘書としてだれを採用したの？

④ **malgré** …にもかかわらず
Il veut aller à la plage *malgré* la pluie. 彼は雨が降っているのに海岸へ行きたがる。

EX. 7 （　）内に適切な前置詞を記入しなさい。

(1) Ils ont une grande affection (　　　) leurs parents.
(2) Je te donne mon avis (　　　) médecin.
(3) Notre équipe de football jouera samedi (　　　) celle de Bordeaux.
(4) Parlons doucement (　　　) ne pas réveiller le bébé.
(5) (　　　) sa gentillesse, il n'a pas beaucoup d'amis.

8 その他の前置詞（4）

① **avec**

(a) [同伴，付加，付属] …といっしょに，…をもっている，…の付いた
Il habite encore *avec* ses parents. 彼はまだ両親といっしょに住んでいる。
Je vais prendre du café *avec* du sucre. コーヒーには砂糖をいれて飲みます。
Je voudrais une serviette *avec* poignée. 取っ手付きの書類かばんが欲しいのですが。

(b) [手段] …を使って，…によって
Mange *avec* ta fourchette, pas *avec* tes doigts. 指ではなくて，フォークで食べなさい。

(c) [理由] …のせいで
Avec ce temps affreux, on ne peut pas se promener.
このひどい天気では散歩できない。

(d) [(無冠詞名詞とともに)様態，条件] …をもって，…の様子で，…があれば
Le vieux monsieur marche *avec* difficulté. 老人はやっとのことで歩いている。
Avec un peu plus de chance, j'aurais gagné. もう少し運があったら，勝てたのだが。

(e) [一致，調和] …と
Je suis tout à fait d'accord *avec* vous. 私はまったくあなたと同意見です。

(f) [関係] …と
J'ai fait connaissance *avec* Paul l'été dernier. 私は去年の夏ポールと知りあった。

② **sans** [欠如] …なしに，…のない；…することなしに
Il a réussi cet examen *sans* effort. 彼は楽々とその試験に合格した。
Ce client est parti *sans* payer l'addition. その客は勘定を払わないで行ってしまった。

③ **sauf** …を除いて，…を別として
Il est occupé tous les jours *sauf* le samedi. 彼は土曜日をのぞいて毎日忙しい。

EX. 8 （ ）内に適切な前置詞を記入しなさい。

(1) (　　　) ce brouillard, on ne voit pas le sommet de la montagne.
(2) C'est un petit appartement (　　　) un salon et une chambre.
(3) Comment peut-il conduire (　　　) ses lunettes ?
(4) Elle coupe du tissu (　　　) ses ciseaux.
(5) J'ai lu tous les journaux (　　　) un.

9 形容詞・副詞の補語を導く前置詞

① **形容詞 + à :**

bon(ne) à	…できる，するのがよい
difficile à	…するのがむずかしい
facile à	…するのに容易な
indifférent(e) à	…に（とって）無関心な
prêt(e) à [pour]	…の用意ができた
semblable à	…に似た
utile à	…に［すれば］役にたつ

C'est bon à savoir. それは知っておいて損はない。
Ce plat est difficile à réussir. この料理はうまく作るのがむずかしい。
Ce dictionnaire est utile à consulter. この辞書は参照すれば役にたつ。

注 非人称構文では《 Il est [C'est] + 形容詞 + de + 不定詞 》の構文になります。

Il est difficile de réussir ce plat. この料理をうまく作るのはむずかしい。

② **形容詞 + de :**

absent(e) de	…にいない，欠けている
âgé(e) de + 数詞 + ans	…歳の
content(e) de	…に満足した
différent(e) de	…と異なった
fier(ère) de	…が自慢である
heureux(se) de	…がうれしい
plein(e) de	…でいっぱいの
sûr(e) de	…を確信した

Elle sera absente de chez elle demain. 彼女はあす家にいないだろう。
Je suis très heureux de la voir bientôt. もうすぐ彼女に会えるのがとてもうれしい。
Ta jupe est pleine de taches. 君のスカートは染みだらけだ。

③ **形容詞 + en :**

faible en [à]	…が不得手な
fort(e) en [à, sur]	…がよくできる

François est fort en calcul. フランソワは計算が得意だ。

④ 形容詞＋avec：

| gentil(le) avec [pour] | …に対して親切な |

　　Roger est très gentil *avec* sa petite sœur.　ロジェは妹にとてもやさしい。

⑤ 形容詞＋pour：

bon(ne) pour	…有効な
nécessaire pour	…するために必要な
suffisant(e) pour	…するのに十分な

　　Ce médicament est bon *pour* le mal de tête.　この薬は頭痛に効く。
　　Il n'a pas la somme suffisante *pour* voyager.　彼は旅行をするのに十分なお金がない。

⑥ 副詞＋de：

| près de | …の近くに |
| loin de | …から遠くに |

　　Il travaille loin *de* chez lui.　　　　　　　彼は家から離れたところで働いている。

EX. 9 （　）内に適切な前置詞を記入しなさい。
(1) Ce vieux pantalon est bon (　　　) jeter.
(2) Claire est âgée (　　　) cinq ans.
(3) Il a les qualités nécessaires (　　　) être un bon professeur.
(4) Il est faible (　　　) mathématiques.
(5) Il est indifférent (　　　) tout ce qui se passe.

筆記問題

10 動詞の補語を導く前置詞

① 動詞＋ à :

apprendre à	…を学ぶ［(人に)…を教える］
arriver à	…できる，し遂げる
commencer à	…し始める
faire plaisir à	…を喜ばせる
frapper à	…をノックする
se mettre à	…し始める
obéir à	…に従う
penser à	…のことを考える
plaire à	…の気に入る
ressembler à	…に似ている
réussir à	…に成功する
servir à	…の役にたつ

Je n'arrive pas à retrouver mes lunettes. 　私は眼鏡がどうしても見つからない。
Jean a commencé à parler à l'âge de deux ans. 　ジャンは2歳で話し始めた。
Ça sert à éplucher les pommes de terre. 　それはジャガイモの皮をむくのに役立つ。

② 動詞＋ de :

avoir besoin [honte, peur] de	…が必要である［はずかしい，恐い］
avoir [prendre] soin de	…に心を配る
s'approcher de	…に近づく
cesser de	…するのをやめる
décider de	…を決める
dire (à＋人) de (人に)	…を命じる
douter de	…を疑う
essayer de	…しようと試みる
finir de	…し終える，するのをやめる
oublier de	…するのを忘れる
s'occuper de	…にかかわる，…の世話をする
penser ～ de	…について～と思う
permettre (à＋人・もの) de	～に…を許す
profiter de	…を利用する
remercier ＋人＋ de	人に…を感謝する
se servir de	…を使う
se souvenir de	…を覚えている
jouer de ＋楽器	…を演奏する

Tu n'as pas besoin de le lui dire. 　君はそれを彼(女)に言う必要はない。
Ne t'approche pas de ce chien. 　その犬に近づくな。

22

Il a décidé *de* partir en voyage cet été. 彼は今年の夏，旅にでることに決めた。
Qu'est-ce que tu penses *de* cette robe ? このワンピースをどう思う？
Il se sert *de* sa voiture tous les jours. 彼は毎日車を使う。

③ 動詞＋ **sur** :

appuyer *sur*	…を押す
compter *sur*	…を当てにする
donner *sur*	…に面する

Appuyez *sur* le bouton de gauche. 左のボタンを押してください。

④ 動詞＋ **avec** :

avoir rendez-vous *avec*	…と会う約束がある
se marier *avec*	…と結婚する

J'ai rendez-vous *avec* Alain vendredi. 私はアランと金曜日に約束がある。

⑤ 動詞＋ **par** :

commencer *par*	…から始める
finir *par*	最後には…する

Commence *par* ranger tes affaires. まず身の回りのものを片付けなさい。

EX. 10 （　　）内に適切な前置詞を記入しなさい。
(1) Elle s'est mariée (　　　) un avocat.
(2) Il a fini (　　　) approuver notre décision.
(3) Il faut finir (　　　) faire la vaisselle.
(4) Le salon donne (　　　) la rue.
(5) Tu as pensé (　　　) fermer le gaz avant de partir ?

まとめの問題

次の各設問において，(1) 〜 (4) の (　) 内に入れるのにもっとも適切なものを，下の①〜⑥のなかから1つずつ選び，その番号を解答欄に書いてください。ただし，同じものを複数回用いることはできません。なお，①〜⑥では，文頭にくるものも小文字にしてあります。(配点 8)

1 (1) Il a loué un cottage (　　　　) un mois.

   (2) Il arrive chez lui tous les soirs (　　　　) sept heures.

   (3) (　　　　) nous, la saison des pluies commence au mois de juin.

   (4) On a eu du soleil (　　　　) Paris.

     ① chez　　② contre　　③ depuis
     ④ pour　　⑤ sans　　⑥ vers

(1)	(2)	(3)	(4)

2 (1) Ils lui ont prêté de l'argent (　　　　) amitié.

   (2) Lucien est (　　　　) ton avis.

   (3) Tout le monde est venu, (　　　　) Marc qui avait la grippe.

   (4) Vous n'avez rien (　　　　) ajouter ?

     ① à　　② contre　　③ dans
     ④ par　　⑤ sauf　　⑥ sur

(1)	(2)	(3)	(4)

3 (1) Ce sera prêt (　　　　) la journée.

   (2) Hier, il n'a pas cessé (　　　　) pleuvoir.

   (3) Pour mettre en marche, il faut appuyer (　　　　) ce bouton.

   (4) Tu es prête (　　　　) partir pour l'école ?

     ① à　　② chez　　③ dans
     ④ de　　⑤ sur　　⑥ vers

(1)	(2)	(3)	(4)

4 (1) Divisez la tarte (　　　) six parts égales.
　(2) Il fait très chaud (　　　) la saison.
　(3) Il fera beau (　　　) la côte pacifique du Japon.
　(4) Ton nom est difficile (　　　) prononcer.

　　① à　　　② chez　　③ de
　　④ en　　⑤ pour　　⑥ sur

(1)	(2)	(3)	(4)

5 (1) Approche ta chaise (　　　) la table.
　(2) Il faut un timbre (　　　) un euro pour cette lettre.
　(3) Marc se promène toujours avec un livre (　　　) le bras.
　(4) Ne me laisse pas (　　　) nouvelles, écris-moi.

　　① à　　　② dans　　③ de
　　④ par　　⑤ sans　　⑥ sous

(1)	(2)	(3)	(4)

6 (1) Il n'y avait plus de pain (　　　) le boulanger.
　(2) Le prix des cigarettes augmentera lundi (　　　) 20 centimes par paquet.
　(3) Parlez (　　　) haute voix pour qu'on vous entende !
　(4) (　　　) toutes les propositions de travail, laquelle te semble la plus intéressante ?

　　① à　　　② chez　　③ de
　　④ par　　⑤ parmi　　⑥ vers

(1)	(2)	(3)	(4)

筆記問題 2

定型表現

　提示された日本語文に対応するフランス語文の空欄に入る適切な語を記入する問題です。記述式問題で，配点は 10 点です。
　会話でよく用いられる慣用表現が出題されます。準 2 級新設当初は bon や ça を用いた出題が多かったのですが，近年は出題が多様化し，幅広い語彙力が試される設問になっています。日頃から日本語訳をよく吟味する習慣を身につけましょう。たとえば au contraire などは，辞書にまっさきに出てくる「反対に」という意味だけでなく，「それどころではない」という言い換えを想像する必要があります。

1. あいさつ　　　　■ bon を用いた表現
2. 感謝する，謝る　■ tout を用いた表現
3. ça を用いた表現
4. 感情表現，関心
　　■ 話し相手との意思疎通をはかるときに用いる表現
5. 判断
6. 依頼，提案，許可
7. 誘い，約束
8. 旅行
9. 体調
10. 人物描写
11. 買いもの，支払い
12. 注文
13. 食事
14. 通信，連絡，案内　■ さまざまなサイズや形の表現
15. 日常生活（1）
16. 日常生活（2）

筆記問題

（　）内に入る適切な語（各1語）を示された最初の文字とともに書きなさい。

1 あいさつ

		正解
(B　　) à Paris, madame.	パリへようこそ。	Bienvenue
(E　　).	はじめまして。	Enchanté(*e*)
Je suis content(*e*) de vous (c　　).	お近づきになれてうれしいです。	connaître
Je suis heureu*x*(*se*) de vous (v　　).	お会いできてうれしいです。	voir
(P　　)-moi de me présenter.	自己紹介させてください。	Permettez
Mettez-vous à l'(a　　).	どうぞ楽にしてください。	aise
Faites comme (c　　) vous.	どうぞ楽にしてください。	chez
(F　　) pour votre succès.	成功おめでとうございます。	Félicitations
À plus (t　　).	また後ほど。	tard
À la prochaine (f　　).	また今度。	fois
À (b　　).	じゃあ，また近いうちに。	bientôt
Passez le (b　　) à Pierre.	ピエールによろしく。	bonjour
Joyeux (N　　) !	メリークリスマス！	Noël
Mes (a　　) chez vous.	ご家族によろしく。	amitiés

■ bon を用いた表現

		正解
Bon (c　　) !	がんばって！	courage
Bon (v　　) !	楽しい旅行を！	voyage
Bonnes (v　　) !	よい休暇を！	vacances
Bonne (j　　) !	よい一日を！	journée
Bonne (s　　) !	よい晩を！	soirée
Bonne (n　　) !	おやすみなさい！	nuit
Bon (r　　) !	気をつけて帰って！	retour
Bon (a　　) !	どうぞ召し上がれ！	appétit
Bon (a　　) !	誕生日おめでとう！	anniversaire
Bonne (f　　) !	すてきなパーティーを！	fête
Bonne (i　　) !	いい考えだね！	idée
À (q　　) bon ?	それが何になる？（やっても無駄さ）	quoi
C'est bon (m　　).	それはいい買いものだ。	marché

2 感謝する，謝る

		正解
C'est très (g　　)!	ご親切にありがとう！	gentil
Merci mille (f　　).	どうもありがとう。	fois
Je ne sais pas comment vous (r　　).	何とお礼を言えばいいか。	remercier
Je vous en (p　　).	どういたしまして。	prie
Il n'y a pas de (q　　).	どういたしまして。	quoi
De (r　　).	どういたしまして。	rien
Je vous demande (p　　).	申し訳ありません。	pardon
Ce n'est (r　　).	何でもありません。	rien
Excusez mon (r　　).	遅れてごめんなさい。	retard
Ce n'est pas (g　　).	大したことないよ。	grave
Ce n'est pas ma (f　　).	ぼくのせいじゃない。	faute
C'est à (c　　) de toi.	君のせいだよ。	cause
Je n'y suis pour (r　　).	ぼくはまったく無関係だよ。	rien

■ tout を用いた表現

		正解
C'est la vie, (a　　) tout !	結局それも人生さ！	après
De toute (f　　), je vais voir.	とにかく，見てくるよ。	façon
Attendons un peu, en tout (c　　).	とにかく，あと少し待とう。	cas
Tout à (c　　), il s'est mis à pleurer.	突然彼は泣きだした。	coup
Tout à (f　　).	まったくそのとおり。	fait
À tout à l'(h　　).	また後で。	heure
Partez tout de (s　　).	すぐに出発してください。	suite
Nous avons réussi tout de (m　　).	それでも私たちは成功した。	même
Elle bavarde tout le (t　　).	彼女は絶えず話をしている。	temps
Tout (v　　) bien.	万事順調。	va
C'est (t　　).	以上で終わりです。	tout
Merci pour (t　　).	いろいろどうもありがとう。	tout

3 ça を用いた表現

		正解
C'(e) ça.	そのとおり。	est
Ça ne (v) pas.	元気じゃない，うまくいかないね。	va
Ça (d).	場合によります。	dépend
Ça s'(é) comment ?	それはどう書くのですか？	écrit
Ça fait (c) ?	おいくらですか？	combien
Ça fait (l).	久しぶり。	longtemps
Ça a l'(a) délicieux.	おいしそうだね。	air
Ça (s) bon.	いい香りがする。	sent
Ça ne (c) pas.	どうでもいいよ。	compte
Ça m'est (é).	どうでもいいよ。	égal
Ça ne m'(i) pas.	どうでもいいよ，関心がない。	intéresse
Ça ne me (r) pas.	どうでもいいよ，関係ない。	regarde
Ça ne te (c) pas.	これは君には関係ない。	concerne
Ça (c) bien [mal].	幸先いいね [悪いな]。	commence
Ça (a).	そういうこともあるよ。	arrive
Ça me fait (p).	うれしいね。	plaisir
Ça me rend (t).	悲しくさせるね。	triste
Ça ne fait (r).	かまいません，何でもありません。	rien
Ça (s).	もううんざり，いい加減にしろ。	suffit
Ça m'(é).	意外だなあ。	étonne
Ça ne m'(é) pas.	やっぱりそうか。	étonne
Ça m'(é) !	いらつかせるなあ！	énerve
(C) ça ?	どういうことだ？	Comment
(C)-ci (c)-ça.	まあまあだね。	Comme, comme
Ça va (p).	すぐに治まるさ。	passer
Ça ne me (d) rien.	全然気が進まない。	dit
Ça ne (d) pas.	気になりません。	dérange
Ça ne (m) pas.	これは調子が悪い。	marche
Et (a) ça ?	で，ほかにご入用なものはありますか？	avec
Ça (v) la peine.	やる価値はある。	vaut

4 感情表現，関心

		正解
Tu me (m　　).	君がいなくて寂しいよ。	manques
J'ai (h　　) de me lever tôt.	早起きは大きらいだ。	horreur
J'ai (h　　).	恥ずかしい。	honte
Il est en (c　　).	彼は怒っている。	colère
Quel (d　　) !	残念だ！	dommage
Vous vous (i　　) à ce peintre ?	この画家に関心があるのですか？	intéressez
Que (p　　)-tu de ce chapeau ?	この帽子をどう思う？	penses
Il est (f　　) de jazz.	彼はジャズに夢中だ。	fou
C'est mon écrivain (p　　).	これは私の好きな作家です。	préféré
J'ai entendu (p　　) de ce film.	その映画の噂は聞いている。	parler
Tu as (t　　) ce film comment ?	君はその映画をどう思った？	trouvé
Je l'ai trouvé (e　　).	すばらしいと思った。	excellent
C'est un roman sans (i　　).	これはつまらない小説です。	intérêt
Tu as gagné le match ? Tant (m　　) !	試合に勝ったの？　よかった！	mieux
On a perdu, tant (p　　) !	負けたよ，仕方ない！	pis
Tu es de bonne (h　　).	君は上機嫌だな。	humeur
J'en ai (m　　) de tout.	なにもかもうんざり。	marre

■ 話し相手との意思疎通をはかるときに用いる表現

		正解
Tu te rends (c　　) ?	わかる？	compte
Vous (v　　) ?	おわかりですか？	voyez
Vous me (s　　) ?	おわかりになりましたか？	suivez
Qu'est-ce que ça veut (d　　) ?	それはどういう意味ですか？	dire
Tu peux (p　　) ?	より正確に言うと？	préciser
Comment ça se (p　　) ?	どう発音するのですか？	prononce
Excuse-moi, je n'ai pas (e　　).	ごめん，聞こえなかった。	entendu
Par (e　　) ?	たとえば？	exemple
(C　　) ?	何ですって？	Comment
Et (a　　) ?	だからなに？	alors

5 判断

		正解
Je suis d'(a　　) avec toi.	私は君に賛成です。	accord
Tu as (r　　).	君の言うとおりだ。	raison
Tu as (t　　).	君はまちがっている。	tort
Si j'étais à sa (p　　), je ferais autrement.	ぼくが彼(女)なら，あんなふうにはしないだろう。	place
À mon (a　　), tu as tort.	思うに，君はまちがっている。	avis
Ce n'est pas la (p　　) d'insister.	主張するまでもない。	peine
Il est encore (t　　).	まだ間に合うよ。	temps
Je n'ai pas le (c　　).	私に選択の余地はない。	choix
Pas moyen de faire (a　　).	ほかに打つ手はない。	autrement
C'est (é　　).	それは明白なことです。	évident
C'est (c　　).	それは明快です。	clair
C'est (p　　) !	完璧です！	parfait
De (f　　).	そのとおり。	fait
En (e　　).	確かに。	effet
(É　　) !	もちろん！	Évidemment
C'est pas (m　　).	いいね。	mal
C'est bien (p　　).	たぶんね。	possible
Sans (d　　).	たぶんね。	doute
Pas (p　　) !	まさか！	possible
Tu (e　　) !	あんまりだ！	exagères
Au (c　　) !	それどころじゃないよ！	contraire
Pas (q　　).	論外だ。	question
Pas de (p　　).	問題ない，いいですよ。	problème
C'est (h　　) de question.	論外だね。	hors
Je n'ai pas d'autre (m　　).	ほかに手段はない。	moyen
J'ai (c　　) en toi.	信頼しているよ。	confiance
Je (c　　) sur toi.	当てにしているよ。	compte
Ce rapport est mal (f　　).	この報告書はずさんだ。	fait
J'ai laissé (t　　) ce projet.	ぼくはこの計画を断念した。	tomber
Il me dérange sans (c　　).	彼はひっきりなしに私の邪魔をする。	cesse

6 依頼，提案，許可

		正解
Pourriez-vous me rendre un (s　　) ?	手を貸してもらえませんか？	service
Je (r　　), mais je suis pressé(e).	ごめんなさい，急いでいます。	regrette
J'ai (b　　) de votre conseil.	あなたのアドバイスが必要です。	besoin
Ne me (d　　) pas, s'il te plaît.	邪魔しないでくれ。	dérange
Mêle-toi de ce qui te (r　　).	お節介はよせ。	regarde
Occupe-toi de tes (a　　) !	余計な口出しをするな！	affaires
Occupe-toi de tes (o　　) !	余計な口出しをするな！	oignons
Vos (p　　), s'il vous plaît !	身分証明書を見せてください！	papiers
Je te donne un coup de (m　　) ?	手を貸そうか？	main
Je peux t'(a　　) ?	手伝いましょうか？	aider
Ce n'est pas la (p　　), merci.	大丈夫です，ありがとう。	peine
Je t'(a　　) jusqu'à la gare ?	駅まで送ろうか？	accompagne
Ce n'est pas (n　　).	その必要はないよ。	nécessaire
On peut rester ici, si tu (p　　).	お望みならまだいてもいいよ。	préfères
Je voudrais (a　　) un mot.	一言付け加えたいのですが。	ajouter
Je vous en (p　　).	どうぞ。	prie
Je (p　　) entrer ?	入ってもいい？	peux
Je peux changer de (c　　) ?	チャンネル変えてもいい？	chaîne
Tu peux (b　　) le volume ?	ボリュームを下げてくれる？	baisser
Bien (s　　) que oui.	もちろんいいですよ。	sûr
Parlez plus (h　　) !	もっと大きな声で話して！	haut
Parlez plus (b　　) !	もっと小さな声で話して！	bas

7 誘い，約束

		正解
Si on (a) prendre un verre ?	一杯飲みに行かない？	allait
Avec (p).	喜んで。	plaisir
C'est (d), mais je ne peux pas.	残念だけれど，無理だ。	dommage
Tu es (l) ce soir ?	今晩暇？	libre
Je n'ai rien à (f).	なにも予定はないよ。	faire
Tu fais (q) chose ce week-end ?	今週末はなにか予定がある？	quelque
Rien de (s).	とくになにも。	spécial
J'(e) que tu viendras avec moi.	いっしょに来てくれるよね。	espère
(V).	喜んで。	Volontiers
Quand est-ce qu'on se (v) ?	いつ会いますか？	voit
Samedi prochain, ça te (c) ?	次の土曜日，都合はどう？	convient
Demain, on se (l) à 5 heures.	明日は5時起きだよ。	lève
Tu plaisantes ! C'est trop (t).	冗談だろ！　早すぎるよ。	tôt
Je serai à l'heure sans (f).	必ず時間は守るよ。	faute
Ne t'(i) pas.	心配するなよ。	inquiète
C'est (p).	約束するよ。	promis

8 旅行

		正解
Un (b) pour Paris, s'il vous plaît.	パリまでの切符を1枚お願いします。	billet
Un aller (s) ou un aller-retour ?	片道切符ですか，それとも往復切符？	simple
Cette (p) est occupée ?	この席だれかいますか？	place
C'est un (v) direct ?	これは直行便ですか？	vol
Quelle est la (d) du vol Paris-Milan ?	パリ－ミラノ間の所要時間はどれくらいですか？	durée
Je voudrais une chambre avec (s) de bains.	浴室付きの部屋をお願いします。	salle
Je voudrais une chambre avec (d).	シャワー付きの部屋をお願いします。	douche
Nous sommes désolés, c'est (c).	すみません，満室です。	complet
Est-ce que le petit déjeuner est (c) ?	朝食は付いていますか？	compris
Il est venu ici en (t) que touriste.	彼は観光客としてここにやってきた。	tant

9 体調

		正解
Tu as mal quelque (p　　)?	どこか具合悪いの？	part
J'ai mal aux (d　　).	歯が痛いんだ。	dents
Je me (s　　) mal.	気持ちが悪い。	sens
Qu'est-ce qui ne (v　　) pas ?	どうしましたか？	va
Je tousse sans (a　　).	咳が止まらないのです。	arrêt
J'ai pris (f　　).	風邪をひきました。	froid
J'ai (a　　) un rhume.	風邪をひきました。	attrapé
Elle s'(i　　) de toi.	彼女は君のことを心配している。	inquiète
Elle a attrapé la (g　　).	彼女はインフルエンザにかかった。	grippe
Il est en (c　　) de maladie.	彼は病気休暇をとっている。	congé
Il est (o　　) de rester au lit.	彼は寝ていなければならない。	obligé
Elle a bonne (m　　).	彼女は顔色がいい。	mine
Elle est toujours en (f　　).	彼女はいつも元気だ。	forme
Elle s'est mise au (r　　).	彼女はダイエットを始めた。	régime

10 人物描写

		正解
Elle est (c　　) ?	彼女はどんな人ですか？	comment
Elle a l'air (a　　).	彼女は愛想がよさそうです。	aimable
Elle a l'air (m　　).	彼女は意地が悪そうです。	méchante
Il a de l'(e　　).	彼には才気がある。	esprit
Il a bon [mauvais] (g　　).	彼は趣味がいい［悪い］。	goût
Elle est bien (h　　).	彼女はすてきな服装だ。	habillée
Elle est plutôt (r　　).	彼女はむしろ控えめだ。	réservée
Elle m'a fait bonne (i　　).	彼女は私にいい印象をあたえた。	impression
Il a (d　　) la quarantaine.	彼は40歳を越している。	dépassé
Quel âge lui (d　　)-tu ?	彼(女)は何歳だと思う？	donnes
Il a déjà un (c　　) âge.	彼はもう相当の歳だ。	certain
Elle est (f　　) en dessin.	彼女は絵が得意だ。	forte
Il est (n　　) en mathématiques.	彼は数学がさっぱりだ。	nul

11 買いもの，支払い

		正解
Je vais faire des (c).	買いものに行きます。	courses
En (g), le magasin ouvre à 10h.	ふだんお店は10時に開店します。	général
Elle a acheté une chemise en (s).	彼女はシャツをバーゲンで買った。	solde
Je peux vous (a) ?	(店員が)なにかお探しですか？	aider
Je voudrais (e) cette veste.	このジャケットを試着したいのですが。	essayer
Qu'est-ce que vous (d) ?	なにいたしましょうか？	désirez
Qu'est-ce que je vous (s) ?	なにいたしましょうか？	sers
Vous désirez autre (c) ?	ほかに欲しいものがありますか？	chose
Le (r) des jouets, s'il vous plaît.	おもちゃ売り場はどこでしょうか。	rayon
À quoi ça (s) ?	これはなにに使うのですか？	sert
Quelle (t) faites-vous ?	服のサイズはいくつですか？	taille
Quelle est votre (p) ?	靴のサイズはいくつですか？	pointure
Ce sac me (p).	このバッグが気に入りました。	plaît
Cette jupe vous va (b).	このスカートはあなたに似合います。	bien
Je vais (r).	もう少し考えてみます。	réfléchir
C'est à la (m).	それは流行しています。	mode
Je vous dois (c) ?	おいくらですか？	combien
Quel est le (p) de ce pantalon ?	このズボンはいくらですか？	prix
C'est trop (c).	これは高すぎる。	cher
Ces gants sont bon (m).	この手袋は安い。	marché
Il y a une (r) pour les étudiants ?	学生割引はありますか？	réduction
Je peux payer par carte de (c) ?	クレジットカードで支払えますか？	crédit
(G) la monnaie.	おつりはとっておいてください。	Gardez
C'est à quel (n) ?	どなたの名前で注文しましたか？	nom
Ce pull est de bonne (q).	このセーターは品質が良い。	qualité
Où est le bureau de (c) ?	両替所はどこですか？	change
Vente à (e).	テイクアウト販売。	emporter
Sur (p) ou à (e) ?	店内で召し上がりますか，お持ち帰りですか？	place, emporter

12 注文

		正解
Une (e), s'il vous plaît.	入場券を1枚お願いします。	entrée
Entrée (l).	入場無料。	libre
Le (p), s'il vous plaît.	満タンでお願いします。	plein
Une (b) de vin, s'il vous plaît.	ワインを1瓶お願いします。	bouteille
Une (p) de pizza, s'il vous plaît.	ピザを1人前お願いします。	portion
un (m) de pain	1切れのパン	morceau
un (p) de confiture	1瓶のジャム	pot
une (t) de café	1杯のコーヒー	tasse

13 食事

		正解
J'ai (s).	のどが渇きました。	soif
J'ai (f).	おなかがすいた。	faim
Avez-vous une (r) ?	予約はしてありますか？	réservation
Pour combien de (p) ?	何名用の席にしますか？	personnes
Vous êtes (c) ?	何名さまですか？	combien
Je peux avoir la (c) ?	メニューをいただけますか？	carte
Quel est le (p) du jour ?	本日のおすすめ料理は何ですか？	plat
Je prendrai le (m) à 30 euros.	30ユーロのコース料理にします。	menu
Vous avez (c) ?	お決まりですか？	choisi
Qu'est-ce que je vous (s) ?	なにをお出ししましょうか？	sers
Vous pouvez passer à (t) !	食事の用意ができました！	table
À votre (s) !	乾杯！	santé
Que prenez-vous comme (d) ?	デザートはなににしますか？	dessert
Vous voulez encore du (f) ?	まだチーズが欲しいですか？	fromage
(S)-vous.	自由にお取りください。	Servez
Je t' (i) ce soir.	今夜はおごるよ。	invite
L' (a), s'il vous plaît.	会計をお願いします。	addition
On dîne à la maison ou en (v) ?	夕食は家と外どちらでする？	ville

14 通信，連絡，案内

		正解
Je suis bien (c　) M. Dupont ?	デュポンさん宅でしょうか？	chez
Vous vous (t　) de numéro.	電話番号をおまちがえです。	trompez
Je vous entends (m　).	声がよく聞こえません。	mal
Pouvez-vous parler plus (f　) ?	もっと大きい声で話してもらえますか？	fort
Qui est à l'(a　) ?	（電話で）どちら様ですか？	appareil
C'est de la (p　) de qui ?	（電話で）どなたですか？	part
Ne (q　) pas.	（電話で）お待ちください。	quittez
Je vous la (p　).	彼女と代わります。	passe
Je rappellerai plus (t　).	またあとで電話をかけ直します。	tard
Allô, je vous (é　).	もしもし、何ですか？	écoute
Je voudrais expédier un (p　).	小包を出したいのですが。	paquet
Donnez-moi vos (c　).	あなたの連絡先を教えてください。	coordonnées
Tu as des (n　) de ton frère ?	兄［弟］さんからの便りはある？	nouvelles
Je ne connais pas bien ce (q　).	私はこの辺をよく知らない。	quartier
Votre hôtel n'est pas (l　) d'ici.	あなたのホテルはここから近い。	loin
C'est arrivé (p　) de chez toi.	それは君の家の近くで起こった。	près
Il y va à (p　).	彼はそこへ徒歩で行きます。	pied
Tu viens ici pour la première (f　) ?	ここへ来るのは初めてなの？	fois
L'ascenseur est en (p　).	エレベーターが故障している。	panne
(S　)-moi, s'il vous plaît.	こちらへどうぞ。	Suivez
C'est un (c　) dangereux.	そこは危険な交差点です。	carrefour
Tu habites à quel (é　) ?	君は何階に住んでいるの？	étage
(A　) à la marche !	段差に気を付けて！	Attention

■ さまざまなサイズや形の表現

Quelle est la (l　) de ce bateau ?	この船の長さはどのくらいですか？	longueur
Quelle est sa (l　) ?	幅はどのくらいですか？	largeur
La (h　) de la statue est de 5m.	彫像の高さは5mです。	hauteur
La (p　) de cette piscine est de 2m.	このプールの水深は2mです。	profondeur
Quelles sont les (d　) de la porte ?	扉の寸法はどれくらいですか？	dimensions
Il y a une voiture en (f　) de coccinelle.	てんとう虫の形の車がある。	forme

15 日常生活 (1)

		正解
Au (f)!	火事だ！	feu
Au (s)!	助けて！	secours
(S)!	静かに！	Silence
Du (c)!	静かに！	calme
Quoi de (n)?	なにか変わったことはある？	neuf
Qu'est-ce qui se (p)?	どうしたのですか？	passe
Que [Comment] (f)?	どうしたらいいだろう？	faire
(A) vous!	お先にどうぞ！	Après
Alors Marie, tu es (p)?	でマリー，用意できた？	prête
Ça y est, j'(a).	準備完了，すぐ行きます。	arrive
Prenez votre (t).	どうぞごゆっくり。	temps
Ça (t) bien!	ちょうどよかった！	tombe
Il est arrivé en (a).	彼は予定より早く到着した。	avance
Il est arrivé en (r).	彼は予定より遅れて到着した。	retard
Je ferai de mon (m).	最善を尽くすつもりです。	mieux
Encore un (e)!	もうひと頑張り！	effort
Range tes (a)!	持ち物の整理をしなさい！	affaires
Il est comme (t).	彼はいつもと同じだね。	toujours
Faites comme d'(h).	いつものようにしてください。	habitude
Je vous (d)?	お邪魔でしょうか？	dérange
Laissez-moi (t)!	放っておいてください！	tranquille
Je vis en (p).	私は平穏に暮らしています。	paix
Je vous remercie de votre (a).	ご静聴ありがとうございます。	attention
Tu es (d) à partir de quand?	君はいつから暇？	disponible
Il a choisi quatre cartes au (h).	彼は適当に4枚の札を選んだ。	hasard
On est quel (j)?	今日は何曜日ですか？	jour
On est le (c)?	今日は何日ですか？	combien
Quelle est la (d) d'aujourd'hui?	今日は何日ですか？	date
Tu as de (q) écrire?	なにか書くものはある？	quoi
On est content pour l'(i).	今のところ満足しています。	instant

16 日常生活 (2)

		正解
Quel (d) avez-vous ?	何の資格をお持ちですか？	diplôme
En quoi (c) votre travail ?	どんなお仕事なのですか？	consiste
Il est (c) de conduire.	彼は運転できる。	capable
Elle travaille (d).	彼女はものすごく働く。	dur
Quel est votre (m) ?	お仕事は何ですか？	métier
Je suis (c) de taxi.	タクシーの運転手です。	chauffeur
J'étudie le français dans le (b) de devenir instituteur.	先生になるためフランス語を勉強しています。	but
Quels sont les (h) de travail ?	仕事の日程はどうなっている？	horaires
Parlez-moi de votre (e) professionnelle.	職歴を話してください。	expérience
La (r) des classes a lieu en septembre.	新学期は9月からです。	rentrée
Je vais m'inscrire à un (c) de cuisine.	料理の講座に登録します。	cours
Elle habite à la (c).	彼女は田舎に住んでいる。	campagne
Quel est votre (n) en anglais ?	英語のレベルはどのくらいですか？	niveau
Quelles sont vos (é) préférées ?	お好きなテレビ番組は何ですか？	émissions
Cette chambre fait 25 mètres (c).	その寝室の広さは25m²です。	carrés
Selon la météo, il fera vingt (d).	天気予報では気温は20度になる。	degrés
C'est en (q) ?	それはどういう材質ですか？	quoi
C'est en (b).	木製です。	bois
C'est de quelle (c) ?	それはどんな色をしていますか？	couleur
C'est (i) de fumer.	喫煙禁止です。	interdit
Tu n'as pas le (d) de fumer.	君は煙草を吸ってはいけない。	droit
Quel est le nom de ton ami d'(e) ?	君の幼友だちの名前はなに？	enfance
Il (m) combien ?	彼の身長はどれくらい？	mesure
Il est de taille (m).	中くらいの背丈です。	moyenne
Il (m) 1,80 m.	身長は1m80cmです。	mesure
Il (p) 90 kilos.	90キロです。	pèse
Il a pris du (p).	彼は太ったね。	poids
Un (m), s'il vous plaît.	少々お待ちください。	moment
Un (i), s'il te plaît.	ちょっと待って。	instant
Une (s), s'il vous plaît.	少々お待ちください。	seconde

まとめの問題

次の各設問において，日本語の表現 (1) 〜 (5) に対応するように，（　）内に入れるのにもっとも適切なフランス語（各1語）を，示されている最初の文字とともに，解答欄に書いてください。（配点10）

⑴ (1) ご親切にどうも。
　　C'est très (g　　　).

(2) 私のおばあちゃんは平穏な生活を送っています。
　　Ma grand-mère mène une vie (t　　　).

(3) 彼女は田舎に住んでいます。
　　Elle habite à la (c　　　).

(4) なにをしても無駄さ。
　　À (q　　　) bon ?

(5) どうでもいいや。
　　Ça m'est (é　　　).

(1)	(2)	(3)	(4)	(5)

② (1) 車が故障中なんだ。
　　Ma voiture est en (p　　　).

(2) 悲しくなるね。
　　Ça me (r　　　) triste.

(3) あわてなくてもいいですよ。
　　Prenez votre (t　　　).

(4) 気楽にしてね。
　　Mets-toi à l'(a　　　).

(5) 心配しないでください。
　　Ne vous (i　　　) pas, madame.

(1)	(2)	(3)	(4)	(5)

3 (1) すみません，遅れました。
　　Désolée, je suis en (r　　　　).

(2) いつものようにしてください。
　　Faites comme d'(h　　　　).

(3) 身分証明書をお願いします。
　　Vos (p　　　　), s'il vous plaît.

(4) 彼女は何階に住んでいるの？
　　Elle habite à quel (é　　　　) ?

(5) ご自由にお取りください。
　　(S　　　　)-vous.

(1)	(2)	(3)	(4)	(5)

4 (1) ご心配には及びません。
　　Ce n'est pas la (p　　　　).

(2) あなたには選択権はない。
　　Vous n'avez pas le (c　　　　).

(3) 君がいなくて寂しい。
　　Tu me (m　　　　).

(4) 邪魔をしないでください。
　　Ne me (d　　　　) pas, s'il vous plaît.

(5) 乾杯！
　　À votre (s　　　　) !

(1)	(2)	(3)	(4)	(5)

5 (1) 何名さまでしょうか？
　　Vous êtes (c　　　　)?

(2) お決まりでしょうか？
　　Vous avez (c　　　　)?

(3) 彼はすてきな身なりをしている。
　　Il est bien (h　　　　).

(4) 彼を静かに暮らさせてあげなさい。
　　Laissez-le vivre en (p　　　　).

(5) お勘定お願いします。
　　L'(a　　　　), s'il vous plaît.

(1)	(2)	(3)	(4)	(5)

6 (1) 場合によるね。
　　Ça (d　　　　).

(2) 彼女は何歳に見えますか？
　　Quel âge lui (d　　　　)-vous ?

(3) 少々お待ちください。
　　Un (i　　　　), s'il vous plaît.

(4) この道具はなにに使うのですか？
　　À quoi ça (s　　　　), cet appareil ?

(5) 以上です。
　　C'est (t　　　　).

(1)	(2)	(3)	(4)	(5)

動詞に関する問題

筆記問題

3

　提示されたフランス語文とほぼ同じ意味になるフランス語文を完成させる問題です。完成させるほうの文の空欄に入る適切な動詞を選択肢から選び，叙法・時制を考慮して活用させなければなりません。記述式問題で，配点は10点です。
　3級までの動詞の問題との大きな違いは，動詞の活用から動詞の運用に出題の主旨が移行したことです。動詞を学習するとき，意味だけを覚えるのではなく，他動詞なのか自動詞なのか，あるいは特定の前置詞をともなう動詞なのかといったことにも注意しておく必要があります。なお，この出題形式は2級にひき継がれます。

1. 生活・売買
2. 感情
3. 学習・記憶
4. 援助
5. 認識・義務　　■ 自然現象
6. 判断
7. 意向
8. コミュニケーション
9. 見聞・提示
10. 授受
11. 運搬・移動 (1)
12. 移動 (2)
13. 離合・増減
14. 終始・断続

1 生活・売買

① 生活

vivre 自 生きる，生活する (= habiter, mener une vie)
 Ces arbres *vivent* des centaines d'années.　これらの木は何百年も生きる。
 Il *a vécu* à Rome pendant deux ans.　彼は2年間ローマに住んだ。
habiter 他自 …に住む (= vivre)
 Il *habite* (à) Rome.　彼はローマに住んでいる。
promener 他 散歩させる，**se ~** 代動 散歩する (= faire un tour)
 Il est allé *se promener* en forêt hier.　彼はきのう森へ散歩に行った。

② 売買

vendre 他 売る (↔ acheter)
 Le libraire *vend* des livres.　本屋は本を売る。
acheter 他 買う (↔ vendre)
 Elle *achète* un pain chez le boulanger.　彼女はパン屋でパンを買う。
gagner 他 稼ぐ，(試合などに) 勝つ (= battre)
 Il *gagne* trois mille euros par mois.　彼は月に3千ユーロ稼ぐ。
 L'équipe de France *a gagné* le match.　フランスチームは試合に勝った。
payer 他 支払う
 Combien *as*-tu *payé* ton manteau ?　君はコートにいくら払ったの？
coûter 自 (値段が) …である，(à *qn* 人に) 費用が…かかる
 Ce manteau *a coûté* deux cents euros.　このコートは200ユーロした。
compter 他 数える，~ + *inf.* …するつもりである (= avoir l'intention de)
 Cet hôtel *compte* vingt chambres.　このホテルは20室ある。
 Vous *comptez* partir quand ?　あなたはいつ出発するつもりですか？

EX. 1 A，B が同じ意味になるように，(　　) 内に入る適切な動詞を記入しなさい。

(1) A　Il vit à Londres depuis deux ans.
　　B　Il (　　) à Londres depuis deux ans.　_____

(2) A　Ils ont acheté cette maison.
　　B　On leur (　　) cette maison.　_____

(3) A　Notre équipe de foot a battu l'Espagne.
　　B　Notre équipe de foot (　　) le match contre l'Espagne.　_____

(4) A　Sandrine mène sa vie comme elle veut.
　　B　Sandrine (　　) comme elle veut.　_____

(5) A　Ta voiture t'a coûté combien ?
　　B　Tu (　　) ta voiture combien ?　_____

2 感情

aimer 他 愛する (=plaire à *qn*, ↔ détester)
　Daniel *aime* beaucoup la musique.　　ダニエルは音楽が大好きだ。
plaire 自 (à *qn* 人の) 気に入る
　Ce livre m'*a* beaucoup *plu*.　　この本はとても私の気に入った。
respecter 他 尊敬する，尊重する(↔ se moquer de)
　Il faut *respecter* les personnes âgées.　　お年寄りは尊敬しなければならない。
　Nous *respectons* la loi.　　私たちは法律を遵守する。
intéresser 他 興味をひく(↔ ennuyer)，**s'~** 代動 (à に) 興味がある
　La danse *intéresse* Alicia.　　ダンスはアリシアの興味をひく。
　Alicia *s'intéresse* à la danse.　　アリシアはダンスに興味がある。
craindre 他 恐れる(=faire peur)，(de + *inf.* …ではないかと)心配する
　Je *crains* un accident.　　私は事故が恐い。
　Je *crains* d'avoir oublié quelque chose.　　なにか忘れたんじゃないかと心配だ。
étonner 他 驚かせる
　Ta question m'*a étonné(e)*.　　君の質問に私は驚いた。
plaindre 他 同情する，**se~** 代動 (de について)不平を言う
　Je *plains* Jean qui a été blessé dans l'accident.　　私は事故で負傷したジャンに同情する。
　Il *se plaint* souvent du bruit dans la rue.　　彼はよく通りの騒音に不平を言う。

■ **faire** 他 作る，…をする，(長さ，重さなどが) …ある，[使役] ~ + *inf.* …させる
　Il fait ~ (天候が) …である
　　J'aime *faire* du ski.　　私はスキーをするのが好きだ。
　　Il *fait* 70 kilos.　　彼は70キロある。
　　J'ai *fait* réparer mon vélo.　　私は自転車を修理させた。
　　Il *fera* chaud demain.　　あすは暑くなるだろう。

EX. 2 A, Bが同じ意味になるように，(　　)内に入る適切な動詞を記入しなさい。

(1) **A** Ce jean plaira beaucoup à mon fils.
　　B Mon fils (　　) ce jean.　　　　　＿＿＿＿＿＿

(2) **A** Il se moque de mes conseils.
　　B Il ne (　　) pas mes conseils.　　　＿＿＿＿＿＿

(3) **A** J'ai peur d'avoir raté mon examen.
　　B Je (　　) d'avoir raté mon examen.　　＿＿＿＿＿＿

(4) **A** La politique m'ennuie à mourir.
　　B Je ne (　　) pas du tout à la politique.　　＿＿＿＿＿＿

(5) **A** La chaleur sera terrible cet été.
　　B Il (　　) terriblement chaud cet été.　　＿＿＿＿＿＿

3 学習・記憶

① 学習

élever 他 上げる，建てる，育てる，**s'** ～ 代動 上がる (=augmenter)
　　On *a élevé* un mur au fond du jardin.　　庭の奥に塀が建てられた。
　　Il *élève* ses enfants tout seul.　　彼はひとりで子どもたちを育てている。
　　La température *s'est élevée* de deux degrés.　　気温は2度上昇した。

étudier 他 勉強する (= apprendre, →préparer)
　　Il *étudie* beaucoup pour son examen.　　彼は試験のために猛勉強している。

enseigner 他 教える (= apprendre)
　　Il nous *enseigne* l'histoire et la géographie.　　彼は私たちに歴史と地理を教えている。

apprendre 他 （ニュースなどを）知る，学ぶ (= étudier)，教える (= enseigner)
　　J'*ai appris* ton arrivée par Pierre.　　私はピエールから君の到着を聞いた。
　　Elle *apprend* l'allemand.　　彼女はドイツ語を学んでいる。
　　Le professeur *apprend* l'anglais aux élèves.　　その先生は生徒たちに英語を教えている。

② 記憶

oublier 他 忘れる (↔ se souvenir de)
　　J'*ai oublié* le nom de cette fille.　　私はその女の子の名前を忘れた。

rappeler 他 呼び戻す，再度電話する，**se** ～ 代動 思い出す (= se souvenir de, ↔ oublier)
　　Rappelez-moi demain.　　あすもう1度電話してください。
　　Je ne *me rappelle* plus tes coordonnées.　　私はもう君の連絡先を思いだせない。

se souvenir 代動 (de を) 覚えている，思い出す (↔ oublier)
　　Je *me souviendrai* toujours de ce jour-là.　　その日のことはいつまでも覚えているだろう。

EX. 3　A，Bが同じ意味になるように，（　）内に入る適切な動詞を記入しなさい。

(1)　**A**　Il donnait des cours de mathématiques au collège.
　　　B　Il (　　) les mathématiques au collège.　　　　　　　_____

(2)　**A**　Il étudie beaucoup pour ses examens qui ont lieu en juin.
　　　B　Il (　　) beaucoup ses examens qui ont lieu en juin.　　_____

(3)　**A**　J'ai déjà oublié mon rêve.
　　　B　Je ne (　　) plus bien mon rêve.　　　　　　　　　　　_____

(4)　**A**　Je me rappelle notre voyage de noces.
　　　B　Je (　　) de notre voyage de noces.　　　　　　　　　　_____

(5)　**A**　Les prix de l'essence augmenteront le mois prochain.
　　　B　Les prix de l'essence (　　) le mois prochain.　　　　　_____

4 援助

aider 他 助ける (= donner un coup de main)
　Je vais t'*aider* à faire la vaisselle.　　　私は君が皿を洗うのを手伝う。

servir 他 （食事などを）出す，（à に）役立つ，**se ~** 代動 (de を) 使用する (= employer)
　Sers-moi un peu de vin, sil te plaît.　　　私に少しワインをついで。
　Cet outil *sert* à ouvrir les boîtes de conserve.　この道具は缶詰を開けるのに役立つ。
　Il *se sert de* sa voiture tous les jours.　　彼は毎日車を使う。

employer 他 使う (= utiliser)，**s' ~** 代動 使われる
　Il *emploie* sa voiture pour aller travailler.　彼は仕事に行くのに車を使う。
　Ce mot ne *s'emploie* plus du tout.　　　この単語はもはやまったく使われない。

■ **être** 自 …です，…にいる，…にある (= se trouver)
　Où *est* la rue du Montparnasse ?　　　モンパルナス通りはどこにありますか？
être à + *qn*　［所有，所属］…のものである (= appartenir à)
　Ce parapluie *est à* moi.　　　　　　この傘は私のです。
être à + *inf.*　…すべき［…するためのもの］である
　Ces papiers *sont à* jeter.　　　　　　この書類は捨てなければならない。
être de　［出身，起源］…の出身である (= venir de)
　Il *est de* Normandie.　　　　　　　彼はノルマンディー地方出身です。
être capable de + *inf*　（…すること）ができる (= pouvoir)
　Tu *es capable de* faire ce problème ?　　君はこの問題を解ける？

■ **devenir** 自 …になる
　Cet acteur *deviendra* célèbre plus tard.　この男優は将来有名になるだろう。

EX. 4　A，Bが同じ意味になるように，(　) 内に入る適切な動詞を記入しなさい。

(1) **A** Ce casier est utile à ranger des documents.
　　B Ce casier (　　) à ranger des documents.　　　_____

(2) **A** Il faut nettoyer ces vêtements.
　　B Ces vêtements (　　) à nettoyer.　　　_____

(3) **A** La maison se trouve à l'extrémité du village.
　　B La maison (　　) à l'extrémité du village.　　　_____

(4) **A** On n'utilise plus la machine à écrire aujourd'hui.
　　B La machine à écrire ne (　　) plus aujourd'hui.　　　_____

(5) **A** Pouvez-vous me donner un coup de main ?
　　B Pouvez-vous m'(　　) ?　　　_____

5 認識・義務

① 認識

connaître 他　知っている (= être au courant de)
　Vous *connaissez* Béziers ?　　　　　　ベジエはご存じですか？

reconnaître 他　それとわかる (= se souvenir de)
　Je l'*ai reconnu* tout de suite à sa manière de parler.　話し方ですぐに彼だとわかった。

savoir 他　知る (↔ ignorer)，～ + *inf*. …することができる (能力) (= être capable de)
　Je ne *sais* pas à quelle heure il arrive.　私は彼が何時につくか知らない。
　Mon père *sait* faire la cuisine.　　　　私の父は料理ができる。

② 義務

devoir 他　…しなければならない (= être obligé(e) de)，(à *qn* 人に) 負っている (= grâce à)
　Je *dois* réserver des billets de train.　私は列車の切符を予約しなければならない。
　Je *dois* mon succès à mes collègues.　私が成功したのは同僚たちのおかげです。

falloir 非人称　…しなければならない (= devoir)，
　　　　　　　　…が必要である (= avoir besoin de, demander)
　Il *faudrait* en parler à vos parents.　そのことはご両親に話すべきでしょう。
　Il *faut* de la patience pour réaliser ce puzzle.　このパズルを解くには忍耐力がいる。

■ 自然現象

pleuvoir 非人称　雨が降る
　L'été, il *pleut* rarement en Provence.　夏はプロヴァンスではほとんど雨が降らない。

neiger 非人称　雪が降る
　Il *neigera* demain sur les Vosges.　あすはヴォージュ地方で雪になるでしょう。

EX. 5　A，Bが同じ意味になるように，(　) 内に入る適切な動詞を記入しなさい。

(1) **A** Agathe est capable de parler couramment cinq langues.
　　B Agathe (　　) très bien parler cinq langues.　　　　　_____

(2) **A** C'est grâce à ce médecin que je suis en bonne santé.
　　B Je (　　) la vie à ce médecin.　　　　　　　　　　　_____

(3) **A** Il a rarement plu cet été.
　　B Nous (　　) peu de pluie cet été.　　　　　　　　　　_____

(4) **A** Il faudra trois jours pour réparer l'ordinateur.
　　B La réparation de l'ordinateur (　　) trois jours.　　_____

(5) **A** Tu ne te souviens pas de moi ?
　　B Tu ne me (　　) pas ?　　　　　　　　　　　　　　　_____

6 判断

décider 他 決める
　Il *a décidé* d'apprendre à conduire.　　彼は運転を習うことにした。

juger 他 判断する
　Le médecin *a jugé* utile d'opérer le malade.　医者は患者を手術するのが有効と判断した。

sembler 自 …のように思える (= paraître, avoir l'air)
　La maison *semble* abandonnée.　　家に人は住んでいないようだ。

paraître 自 現れる，…のように見える (= sembler, avoir l'air)
　Son prochain CD *paraîtra* dans un mois.　彼(女)の次のCDは1カ月後に発売される。
　Il *paraissait* satisfait de ses cadeaux.　彼はプレゼントに満足しているようだった。

ressembler 自 (à に) 似ている
　Marthe *ressemble* beaucoup à sa mère.　マルトは母親によく似ている。

choisir 他 選ぶ (= prendre)
　Cécile *a* enfin *choisi* une robe bleue.　セシルはやっと青いドレスを選んだ。

préférer 他 …のほうが好きである (= aimer mieux)
　Je *préfère* les poires aux pommes.　私はリンゴよりナシのほうがいい。

trouver 他 見いだす，(…を…と) 思う，**se ～** 代動 いる，ある (= être)
　J'*ai trouvé* une vieille photo dans le tiroir.　私は引き出しで1枚の古い写真を見つけた。
　Je *trouve* Anne très méchante.　私はアンヌをとても意地悪だと思う。
　Tu sais où *se trouve* la Gare du Nord ?　君は北駅がどこにあるか知ってる？

se tromper 代動 (de を) まちがえる
　Vous *vous trompez* d'adresse.　あなたは住所をおまちがえです。

EX. 6 A, Bが同じ意味になるように，(　) 内に入る適切な動詞を記入しなさい。

(1) **A** De ces deux chemisiers, lequel prenez-vous ?
　　B De ces deux chemisiers, lequel (　　)-vous ?

(2) **A** Il a pris la mauvaise route.
　　B Il (　　) de route.

(3) **A** J'aime mieux le cinéma que le théâtre.
　　B Je (　　) le cinéma au théâtre.

(4) **A** J'ai trouvé ce film très drôle.
　　B Ce film m'(　　) très drôle.

(5) **A** Tu es vraiment comme ton frère.
　　B Tu (　　) beaucoup à ton frère.

7 意向

vouloir 他 …が欲しい，…したい(= avoir envie de)
Je *veux* bien une tasse de thé. 　　　　　私は紅茶を1杯欲しい。
Je *voudrais* réserver une chambre. 　　　私は部屋を予約したいのですが。

demander 他 頼む，必要とする(= Il faut, avoir besoin de)
Je lui *ai demandé* de me prêter ce CD. 　　私は彼(女)にこのCDを貸してくれるよう頼んだ。
Ce travail m'*a demandé* deux heures. 　　この仕事は2時間を要した。

accepter 他 承諾する(↔ refuser)
J'*accepte* avec plaisir votre invitation. 　　私は喜んであなたの招待をお受けします。

refuser 他 拒否する(↔ accepter)
Il *a refusé* mon invitation. 　　　　　　　彼は私の招待を断った。

obéir 自 (à に) 従う(= écouter)
Il *obéit* à sa mère. 　　　　　　　　　　彼は母親の言うことをきく。

éviter 他 回避する
Il n'a pas pu *éviter* l'accident. 　　　　　彼は事故を回避できなかった。

permettre 他 許す(↔ interdire)
Le médecin m'*a permis* de sortir. 　　　　医者は私に外出を許可した。

interdire 他 禁じる(↔ permettre)
Mon père m'*a interdit* de regarder la télévision. 　父は私にテレビを見ることを禁じた。

empêcher 他 妨げる(↔ permettre)
La pluie m'*empêche* d'étendre le linge. 　雨のせいで洗濯物を干せない。

pouvoir 他 …できる(= être capable de)，…かもしれない，…してもよい
Ma voiture *peut* faire du 200 kilomètres à l'heure. 　私の車は時速200キロ出せる。
Je *peux* me tromper de route. 　　　　　私は道をまちがえるかもしれない。
Est-ce qu'on *peut* stationner ici ? 　　　ここに駐車してもいいですか？

EX. 7 A，Bが同じ意味になるように，(　)内に入る適切な動詞を記入しなさい。

(1) **A** Édouard n'écoute jamais ses parents.
    B Édouard n'(　　　) jamais à ses parents. ＿＿＿＿＿

(2) **A** Il lui interdit d'aller danser dans une discothèque.
    B Il ne lui (　　　) pas d'aller danser dans une discothèque. ＿＿＿＿＿

(3) **A** Je n'avais aucune envie d'aller me promener.
    B Je ne (　　　) pas du tout aller me promener. ＿＿＿＿＿

(4) **A** Nous n'avons pas pu entrer dans le terrain à cause de la barrière.
    B La barrière nous (　　　) d'entrer dans le terrain. ＿＿＿＿＿

(5) **A** On est partis très tôt pour ne pas être pris dans les embouteillages.
    B On est partis très tôt pour (　　　) les embouteillages. ＿＿＿＿＿

8 コミュニケーション

parler 自他 話す
　Il me *parle* souvent de ses souvenirs.　　彼はよく私に思い出話をしてくれる。
　Ce jeune Français *parle* anglais.　　この若いフランス人は英語を話せる。

dire 他 言う，訴える，vouloir ～ 意味する (= signifier)
　Ça ne me *dit* rien d'aller me promener.　　私はまったく散歩に行く気にはなれない。
　Qu'est-ce que ça *veut dire* ?　　それはどういう意味ですか？

appeler 他 呼ぶ，電話をかける (= ～ qn au téléphone)
　Appelez tout de suite le médecin.　　すぐに医者を呼んでください。
　Il m'*a appelé* au téléphone hier.　　きのう彼から電話があった。

répondre 自 答える
　Je n'*ai* pas *répondu* à sa lettre.　　私は彼(女)の手紙に返事を書かなかった。

saluer 他 あいさつする (= dire bonjour ou bonsoir)
　Nicolas *salue* toujours le concierge.　　ニコラはいつも管理人にあいさつする。

répéter 他 繰り返す
　Ne lui confie pas de secret, il *répète* tout.　　彼に秘密を打ち明けるな，彼は口が軽い。

lire 他 読む
　Elle ne *lit* pas beaucoup les journaux.　　彼女はあまり新聞を読まない。

écrire 他 書く
　Tu *écris* souvent à tes parents ?　　君はよく両親に手紙を書きますか？

conseiller 他 助言する，推薦する (= recommander)
　Le médecin m'*a conseillé* la prudence.　　医者は私に慎重を期するようにと忠告した。

EX. 8 A, Bが同じ意味になるように，(　　) 内に入る適切な動詞を記入しなさい。

(1) **A** Il nous a recommandé d'attendre jusqu'à demain.
　　B Il nous (　　) d'attendre jusqu'à demain.　　　　_____

(2) **A** Je n'ai pas envie de voyager en Chine.
　　B Le voyage en Chine ne me (　　) rien.　　　　_____

(3) **A** Monsieur Blanc, on vous demande au téléphone.
　　B Monsieur Blanc, on vous (　　) au téléphone.　　　　_____

(4) **A** Ne le dis pas aux autres, c'est un secret.
　　B Ne (　　) pas cela, c'est un secret.　　　　_____

(5) **A** Thomas m'a dit bonjour quand je l'ai rencontré.
　　B Thomas m'(　　) quand je l'ai rencontré.　　　　_____

9 見聞・提示

① 見聞
voir 他 見える，見る，(人に) 会う (= rendre visite à *qn*)
Ma grand-mère *voit* de moins en moins bien.　私の祖母はだんだん目が悪くなっている。
Tu me fais *voir* ton nouvel ordinateur ?　私に君の新しいパソコンを見せてくれる？
Il est allé *voir* Rose mardi dernier.　彼はこのまえの火曜日ローズに会いに行った。

écouter 他 聞く，(人の言うことを) 聞き入れる
Quel CD voulez-vous *écouter* ?　あなたはどのCDを聞きたいですか？
Pourquoi ne m'*as*-tu pas *écouté* ?　なぜ君は私の言うことを聞かなかったの？

entendre 他 聞こえる
Je vous *entends* mal.　あなたの声がよく聞こえません。

inviter 他 招待する
J'*ai invité* Alice à dîner.　私はアリスをディナーに招待した。

② 提示
montrer 他 見せる (= faire voir)
Il a *montré* son billet à l'entrée.　彼は入り口でチケットを見せた。

présenter 他 紹介する，見せる (= montrer), **se ~** 代動 出頭する (= y venir)
J'ai *présenté* Richard à ma sœur.　私はリシャールを姉［妹］に紹介した。
Veuillez *présenter* vos papiers.　あなたの身分証明書を見せてください。
Il s'est *présenté* deux fois à cet examen.　彼はその試験を2回受験した。

cacher 他 隠す
Elle n'a pas pu *cacher* ses larmes.　彼女は涙を隠せなかった。

EX. 9　A, Bが同じ意味になるように，(　　) 内に入る適切な動詞を記入しなさい。

(1)　**A**　Hier, j'ai rendu visite à un ami hospitalisé.
　　B　Hier, je suis allé (　　　) un ami hospitalisé.　　_____

(2)　**A**　Julien laissait voir son émotion.
　　B　Julien ne (　　　) pas son émotion.　　_____

(3)　**A**　Laure m'a fait voir ses photos de vacances.
　　B　Laure m' (　　　) ses photos de vacances.　　_____

(4)　**A**　Mon grand-père est un peu sourd.
　　B　Mon grand-père n' (　　　) plus très bien.　　_____

(5)　**A**　Montrez-moi vos papiers, s'il vous plaît.
　　B　(　　　)-moi vos papiers, s'il vous plaît.　　_____

10 授受

donner 他 与える
 Il *a donné* un cadeau à sa mère.   彼は母親にプレゼントをした。
 Donne-moi ton numéro de téléphone.   君の電話番号を教えてよ。

offrir 他 贈る (= donner)
 Je lui *ai offert* une jupe.   私は彼女にスカートを贈った。

prendre 他 とる,（乗りものに）乗る, 食べる (= manger), 飲む (= boire)
 Elle *a pris* du poids ces jours-ci.   彼女は近ごろ太った。
 Je *prends* l'autobus pour aller à l'école.   私は学校へ行くのにバスに乗る。
 Qu'est-ce que vous *prenez* comme boisson ? 飲みものはなににしますか？
 Il *prend* un café le matin.   彼は毎朝コーヒーを飲む。

prêter 他 貸す (↔ emprunter)
 J'*ai prêté* mon stylo à Jean.   私は万年筆をジャンに貸した。

emprunter 他 借りる (↔ prêter)
 Il m'*a emprunté* dix euros.   彼は私から10ユーロ借りた。

rendre 他 返す, (…を…に) する,
   ～ compte de …の報告をする, ～ service à *qn* 人に役立つ (= aider)
 Le bruit nous *a rendus* nerveux.   騒音は私たちをいらいらさせた。
 Rendez-moi *compte* de vos dépenses.   あなたの出費を私に報告してください。
 Voulez-vous me *rendre service* ?   私に手を貸してくださいませんか？

recevoir 他 受けとる
 J'*ai reçu* votre invitation.   私はあなたの招待状を受けとった。

garder 他 保つ (↔ perdre), 世話をする
 Je *garde* un bon souvenir de ce voyage.   私はあの旅行のよい思い出をずっともっている。
 Roger *garde* ses petits frères.   ロジェが弟たちの面倒をみてくれる。

posséder 他 所有している (= appartenir à)
 Il *possède* une voiture de luxe.   彼は高級車をもっている。

EX. 10 A, Bが同じ意味になるように,（　）内に入る適切な動詞を記入しなさい。

(1) **A** Claudia deviendra malheureuse à cause de son mari.
  B Son mari (　　) Claudia malheureuse.   _____

(2) **A** Elle m'a donné une montre pour mon anniversaire.
  B Elle m'(　　) une montre pour mon anniversaire.   _____

(3) **A** Il a grossi de deux kilos pendant les vacances.
  B Il (　　) deux kilos pendant les vacances.   _____

(4) **A** Il ne faut pas bavarder pendant la classe.
  B Vous devez (　　) le silence pendant la classe.   _____

(5) **A** Votre colis nous est arrivé hier.
  B Nous (　　) votre colis hier.   _____

11 運搬・移動 (1)

① 運搬

porter 他 持つ，運ぶ (= apporter, emporter)．**se ~** 代動 体の調子が…である
Il *porte* un paquet sur son dos. 彼は包みを背負っている。
Portez ces sacs jusqu'à la voiture. これらのバッグを車まで運んでください。
Comment *vous portez*-vous ? 体調はいかがですか？

apporter 他 (à qn 人にものを) 持って来る [行く] (= porter)
Veux-tu m'*apporter* le courrier ? 郵便物を持ってきてくれる？

conduire 他 運転する，連れて行く (= accompagner, emmener)
Il *conduit* mal. 彼は運転が下手だ。
Je vais *conduire* Émilie à la gare. 私はエミリーを駅へ送って行く。

mettre 他 置く (= poser)．(服などを) 着る．(時間，金を) 要する
Tu *as mis* trop de sel dans la soupe. 君はスープに塩を入れすぎた。
François *as mis* une nouvelle cravate. フランソワは新しいネクタイをしめた。
Je *mets* deux heures pour y aller en avion. 飛行機でそこへ行くには2時間かかる。

laisser 他 残す，(…を…の) ままにしておく
Il *a laissé* son parapluie dans le métro. 彼は傘を地下鉄のなかに忘れた。
Ne *laissez* pas votre fille toute seule. あなたの娘をひとりにしないでください。

② 移動

aller 自 行く，(健康が) …である (= se porter)．(機械が) 動く，
(物事が) 運ぶ (= marcher)．(à qn 人に) 似合う
Les travaux *vont* bien. 工事は順調に進んでいる。
Ce manteau te *va* très bien. このコートは君にとてもよく似合う。

venir 自 来る．(de に) 起因する
D'où *vient* qu'il est toujours en retard ? なぜ彼はいつも遅れるの？

EX. 11 A，Bが同じ意味になるように，(　　) 内に入る適切な動詞を記入しなさい。

(1) **A** Il est passé me voir à Nice.
    B Il (　　) me voir à Nice.　　　　　　　＿＿＿＿＿＿

(2) **A** Je vais vous accompagner à l'aéroport.
    B Je vais vous (　　) à l'aéroport.　　　　＿＿＿＿＿＿

(3) **A** Ne me dérange pas.
    B (　　)-moi en paix.　　　　　　　　　＿＿＿＿＿＿

(4) **A** Pourquoi êtes-vous fatigué ?
    B D'où (　　) votre fatigue ?　　　　　　＿＿＿＿＿＿

(5) **A** Qu'est-ce qu'il y a, Jérome ?
    B Qu'est-ce qui ne (　　) pas, Jérome ?　＿＿＿＿＿＿

12 移動 (2)

passer 自 通過する (= traverser), 立ち寄る
　　　　他 通り過ぎる, (時)を過ごす, (par を)経由する
　　　　~ pour + 属詞 …とみなされる (= être considéré comme)
　　La Seine *passe* à Paris. — セーヌ川はパリを横切っている。
　　Nous allons *passer* le week-end à Paris. — 私たちはパリで週末を過ごす。
　　Il *est passé* par Lyon pour aller dans le Midi. — 彼は南仏へ行くのにリヨンを経由した。
　　Elle *passe pour* une journaliste. — 彼女は記者で通っている。

traverser 他 横断する (= franchir)
　　On *traverse* la rivière sur un pont de bois. — 木の橋を通って川を渡る。

suivre 他 後について行く, …に沿って進む (= continuer)
　　Suivez ce sentier jusqu'à la route. — 街道に出るまでこの細道を行ってください。

partir 自 出発する
　　Je vais *partir* en vacances demain. — あすヴァカンスへ出発する。

arriver 自 到着する, ~ à + *inf.* うまく…できる (= réussir à)
　　Jacques *arrive* à Paris mercredi. — ジャックは水曜日にパリにつく。
　　Je n'*arrive* pas *à* retrouver mon portable. — 私は携帯電話を見つけられない。

sortir 自 外に出る
　　Le film *sort* la semaine prochaine. — 映画は来週公開される。

monter 自 乗る, 上がる (= traverser)
　　Il *est monté* dans un train. — 彼は列車に乗った。
　　Les prix *montent* beaucoup récemment. — 最近物価が大きく値上がりしている。

rester 自 とどまる
　　Ta grand-mère *reste* jeune. — 君のおばあさんは相変わらず若い。

changer 他 (質的に)変える, (de を)変える
　　Cette rencontre *a changé* ma vie. — その出会いが私の人生を変えた。
　　Il *a changé* d'avis sur ce problème. — 彼はその問題に関して意見を変えた。

EX. 12 A, Bが同じ意味になるように, (　)内に入る適切な動詞を記入しなさい。

(1) **A** Elle n'a pas changé de coiffure.
　　B Sa coiffure (　　) la même.

(2) **A** Il est considéré comme le plus grand médecin du village.
　　B Il (　　) pour le plus grand médecin du village.

(3) **A** Ils ont pris un taxi à la Gare de l'Est.
　　B Ils (　　) dans un taxi à la Gare de l'Est.

(4) **A** Jeanne a réussi à faire ce travail.
　　B Jeanne (　　) à faire ce travail.

(5) **A** Pour aller à la forêt, il faut passer sur ce pont.
　　B Pour aller à la forêt, il faut (　　) ce pont.

13 離合・増減

① 離合

partager 他　分割する (= diviser), 共有する
　Partage la pizza en six.　　　　　　　　ピザを6等分しなさい。
　Elle *partage* une chambre avec sa sœur.　彼女は姉[妹]と一部屋を共有している。

séparer 他　分ける (= éloigner), 別れさせる, **se 〜** 代動 (de と) 別れる (= quitter)
　Un mur *sépare* les deux jardins.　　　　2つの庭は壁で仕切られている。
　Elle *s'est séparée* de son mari l'année dernière.　彼女は去年夫と別れた。

quitter 他　(人と)別れる (= se séparer), (場所を) 離れる
　Ça fait deux ans qu'il *a quitté* sa femme.　彼が妻と別れて2年になる。
　Cette pensée ne l'*a pas quitté*.　　　　彼はその考えから離れられなかった。

couper 他　切る (= diviser)
　Coupe le gâteau en six.　　　　　　　　ケーキを6つに切りなさい。

② 増減

manquer 自　不足している, (de が) 不足している, **ne pas 〜 de + *inf*.** まちがいなく…する
　Les légumes *manquent* en magasin.　　　野菜の在庫が不足している。
　Il *manque* parfois de patience.　　　　　彼はときどき忍耐力を欠くことがある。
　Je ne *manquerai* pas de lui en parler.　　そのことをかならず彼(女)に話します。

augmenter 自　増加する, 値上がりする (↔ baisser)
　Le prix de l'électricité *augmentera* le mois prochain.　来月電気料金が上がるだろう。

diminuer 他　減らす, 自　減る
　Il *a diminué* sa consommation de boissons alcoolisées.　彼は酒量を減らした。
　Le nombre d'enfants ne cesse pas de *diminuer*.　子どもの数は減り続けている。

EX. 13　A, Bが同じ意味になるように, (　) 内に入る適切な動詞を記入しなさい。

(1)　**A**　Elle a partagé une quiche en quatre.
　　　B　Elle (　　　) une quiche en quatre.　　　　　　_____

(2)　**A**　Elle ne pense qu'à visiter Naples.
　　　B　L'idée de visiter Naples ne la (　　　) jamais.　_____

(3)　**A**　Les chômeurs sont de plus en plus nombreux dans ce pays.
　　　B　Le nombre de chômeurs (　　　) dans ce pays.　_____

(4)　**A**　Simon habite dans le même appartement qu'un ami.
　　　B　Simon (　　　) un appartement avec un ami.　　_____

(5)　**A**　Son mari ignore l'humour.
　　　B　Son mari (　　　) complètement d'humour.　　　_____

14 終始・断続

① 終始

commencer 他 始める (↔ finir), ～ à + *inf.* …し始める (=se mettre à), 自 始まる
  Mon fils *a* enfin *commencé à* marcher.　　私の息子はやっと歩き始めた。
  Le film vient de *commencer*.　　映画は始まったところです。

finir 他 終える (↔ commencer), ～ de + *inf.* …し終える, 自 終わる, (par で) 終わる
  Tu *as* déjà *fini* tes devoirs ?　　君はもう宿題を終えたの？
  Ce film *finit* bien.　　この映画はハッピーエンドだ。

ouvrir 他 開ける (↔ fermer), 自 開く
  Ouvrez vos livres à la page 50.　　本の50ページを開いてください。
  Cette épicerie *ouvre* le dimanche.　　その食料品店は日曜日も開いている。

fermer 他 閉める (↔ ouvrir), 自 閉まる
  N'oublie pas de *fermer* le robinet du gaz.　　ガス栓を閉めるのを忘れるな。
  Cette fenêtre *ferme* mal.　　この窓は閉まりが悪い。

② 断続

arrêter 他 止める (↔ continuer), ～ de + *inf.* …するのをやめる (= cesser de)
  Il est tard, *arrête* la télévision !　　もう遅い，テレビを消しなさい！
  Il n'*arrête* pas *de* parler depuis dix minutes.　　彼は10分まえからずっと話している。

continuer 他 続ける (↔ arrêter), ～ à [de] + *inf.* …し続ける, 自 続く
  Continuez cette rue jusqu'à la place.　　広場までずっとこの道を行ってください。
  Il *a continué de* parler pendant une heure.　　彼は1時間話し続けた。
  Continuez tout droit.　　このまままっすぐ行ってください。

EX. 14 A，Bが同じ意味になるように，(　　) 内に入る適切な動詞を記入しなさい。

(1) **A** Il pleut tout le temps.
　　B Il n'(　　　) pas de pleuvoir.　　　　　　　　＿＿＿＿＿＿＿＿

(2) **A** Il s'est mis à lire un nouveau livre.
　　B Il (　　　) à lire un nouveau livre.　　　　　＿＿＿＿＿＿＿＿

(3) **A** J'arriverai à trouver la solution.
　　B Je (　　　) bien par trouver la solution.　　＿＿＿＿＿＿＿＿

(4) **A** Les visiteurs peuvent entrer dans le musée à dix heures.
　　B Le musée (　　　) ses portes à dix heures.　＿＿＿＿＿＿＿＿

(5) **A** Suivez la route jusqu'au prochain village.
　　B (　　　) la route jusqu'au prochain village.　＿＿＿＿＿＿＿＿

まとめの問題

次の各設問の (1) ～ (5) について，**A**，**B** がほぼ同じ意味になるように，(　) 内に入れるのにもっとも適切なものを，下の語群から1つずつ選び，必要な形にして解答欄に書いてください。ただし，同じものを複数回用いることはできません。(配点　10)

1 (1) **A** Bruno est capable de courir très vite.
　　　B Bruno (　　　　) courir très vite.

(2) **A** Combien avez-vous payé cette veste ?
　　B Cette veste vous (　　　　) combien ?

(3) **A** Tu as besoin d'un stylo pour signer.
　　B Il te (　　　　) un stylo pour signer.

(4) **A** Vous êtes content de vos vacances ?
　　B Vos vacances vous (　　　　) ?

(5) **A** Vous pouvez m'aider un peu ?
　　B Vous pouvez me (　　　　) un petit service ?

　　coûter　　　falloir　　　plaire　　　pouvoir
　　préparer　　rendre　　　rester

(1)	(2)	(3)	(4)	(5)

2 (1) **A** Ce livre appartient à Michel.
　　　B Ce livre (　　　　) à Michel.

(2) **A** Cet élève est absent trop souvent.
　　B Cet élève (　　　　) trop souvent.

(3) **A** Ils continuent de parler malgré le bruit.
　　B Ils n' (　　　　) pas de parler malgré le bruit.

(4) **A** Mon père va bien ces jours-ci.
　　B Mon père (　　　　) bien ces jours-ci.

(5) **A** Tu as demandé à la police de venir chez toi ?
　　B Tu (　　　　) la police ?

　　appeler　　　arrêter　　　dire　　　écouter
　　être　　　　manquer　　　se porter

(1)	(2)	(3)	(4)	(5)

3 (1) **A** Ces fruits ont l'air très bons.
　　　B Ces fruits (　　　) très bons.
　(2) **A** Cette maison de campagne appartient à un écrivain.
　　　B Un écrivain (　　　) cette maison de campagne.
　(3) **A** J'ai l'intention de partir demain.
　　　B Je (　　　) partir demain.
　(4) **A** Je peux me rendre utile ?
　　　B J'aimerais vous (　　　).
　(5) **A** Vous vous trompez dans vos calculs.
　　　B Vous (　　　) un mauvais calcul.

| aider | compter | faire | montrer |
| posséder | sembler | se plaindre | |

(1)	(2)	(3)	(4)	(5)

4 (1) **A** Je ne peux pas dormir à cause du bruit.
　　　B Le bruit m' (　　　) de dormir.
　(2) **A** Je peux t'emprunter ton dictionnaire ?
　　　B Tu peux me (　　　) ton dictionnaire ?
　(3) **A** Je suis né en Bretagne.
　　　B Je (　　　) de Bretagne.
　(4) **A** Où est-ce que tu étais pendant les vacances ?
　　　B Où est-ce que tu (　　　) tes vacances ?
　(5) **A** Tu es déjà allé à Grenoble ?
　　　B Tu (　　　) Grenoble ?

| être | connaître | devoir | empêcher |
| passer | mettre | prêter | |

(1)	(2)	(3)	(4)	(5)

5 (1) **A** Il faudra beaucoup de soin pour ce travail.
　　　B Ce travail (　　　　) beaucoup de soin.
　(2) **A** Il neigera beaucoup cet hiver.
　　　B On (　　　　) beaucoup de neige cet hiver.
　(3) **A** N'en parlons plus. Changeons de sujet.
　　　B N'en parlons plus. Si on (　　　　) à un autre sujet ?
　(4) **A** Olivier nous a parlé de ton hospitalisation.
　　　B Nous (　　　　) ton hospitalisation par Olivier.
　(5) **A** Téléphonez-moi de nouveau demain.
　　　B (　　　　)-moi demain.

avoir　　　apprendre　　　conduire　　　demander
rappeler　　passer　　　　pouvoir

(1)	(2)	(3)	(4)	(5)

6 (1) **A** Cette revue est mise en vente tous les mois.
　　　B Cette revue (　　　　) tous les mois.
　(2) **A** Comme il faisait beau, nous avons pu faire une belle excursion.
　　　B Le beau temps nous (　　　　) de faire une belle excursion.
　(3) **A** Il y aura de moins en moins d'habitants dans ce village.
　　　B Le nombre d'habitants (　　　　) dans ce village.
　(4) **A** Je ne connais pas le sens de ces mots.
　　　B Je ne sais pas ce que veulent (　　　　) ces mots.
　(5) **A** Je n'étais pas du même avis que lui.
　　　B Je ne (　　　　) pas son avis.

dire　　　　diminuer　　　monter　　　　paraître
partager　　permettre　　quitter

(1)	(2)	(3)	(4)	(5)

代名詞

筆記問題 4

　対話のなかの空欄に適切な代名詞を記入する問題です。選択式問題で，配点は 10 点です。

　代名詞の総決算です。3級までと比較すると，性・数変化する疑問代名詞，性・数変化する関係代名詞，さまざまな不定代名詞が新たに出題されます。数が多いですが，用法をきちんと区別して覚えましょう。問題5つに対して7つの選択肢がありますが，2度同じものは使えません。先行する名詞の性，数を考えて問題にとりかかると，選択肢は自然に限定されてきます。

1. 強勢形人称代名詞
2. 指示代名詞
3. 目的語人称代名詞
4. 中性代名詞
5. 関係代名詞
6. 疑問代名詞　　　■ 疑問形容詞
7. 間接疑問文
8. 不定代名詞
9. 所有代名詞

1 強勢形人称代名詞

主語	je	tu	il	elle	nous	vous	ils	elles
強勢形	**moi** 私	**toi** 君	**lui** 彼	**elle** 彼女	**nous** 私たち	**vous** あなた（たち）	**eux** 彼ら	**elles** 彼女たち

(a) 前置詞（句）のあとで
Le petit chien s'est serré contre *moi*.　　子犬は私に身をすり寄せた。
Ce stylo est à *lui*.　　この万年筆は彼のものです。

> 注　〈à + 人〉であっても間接目的語でない場合や以下の場合は強勢形を用います。
> 　　penser à..., tenir à..., s'intéresser à..., s'opposer à..., faire attention à..., se fier à...

Ses parents pensent toujours à *elle*.　　両親はいつも彼女のことを考えている。

(b) 接続詞のあとで
Sophie et *moi*, nous sommes d'accord.　　ソフィーと私，私たちは賛成です。

(c) 属詞として（**être** のあとで）
C'est *elle* qui a cassé ce vase.　　この花瓶を割ったのは彼女です。

(d) 主語や目的語の強調，または **aussi, non, non plus, seul** などのまえで
Lui et *toi*, vous attendrez un peu.　　彼と君は少し待ってください。
Vous non plus, vous n'avez rien à dire ?　　あなたも言うことはなにもないですか？

(e) 比較の **que** や **ne 〜 que** のあとで
Elle est plus âgée que *lui*.　　彼女は彼よりも年上だ。

EX. 1　（　）内に入れるべきものを，[　]の中から選びなさい。

(1)　— C'est ton stylo ?
　　— Oui, c'est à (　　).

(2)　— Comment est la mère de votre mari ?
　　— Elle est très sympathique. Mon mari et moi allons souvent chez (　　).

(3)　— Il ne voit ni toi ni tes amis.
　　— Il est fâché contre (　　) ?

(4)　— Il vaut mieux compter sur Pascal.
　　— Oui, (　　) seul peut m'aider.

(5)　— Pouvez-vous garder mes enfants cet après-midi ?
　　— Oui, je m'occuperai d' (　　).

[elle　eux　lui　moi　nous]

2 指示代名詞

ものや人に代わり，「これ，あれ，それ」の意味を表わします。

① 性・数変化をしないもの

ce êtreの主語として用いられるほか，関係代名詞の先行詞として，ce quiやce que, ce dontの形で名詞節を構成します。

C'est ma sœur.　　　　　　　　　これが私の姉［妹］です。
Dites-moi *ce dont* il s'agit.　　　　問題になっていることを言ってください。

ceci / cela 対で用いられ，対立を表わします。

Vous aimez *ceci* ou *cela* ?　　　　こちらとあちら，どちらがお好きですか？

ça celaのくだけた形。

Ça va ? — Oui, *ça* va, merci.　　　元気？ —ああ，元気だよ，ありがとう。

② 性，数変化をするもの

男性・単数	女性・単数	男性・複数	女性・複数
celui	celle	ceux	celles

(a) 〈指示代名詞＋ de ＋名詞〉「〜のもの」

Ma voiture est en panne ; j'ai emprunté *celle* de ma sœur.
　　　　　　　　　　　　　　私の車は故障中なので，姉［妹］のものを借りた。

(b) 〈指示代名詞＋関係代名詞〉

Elle n'est pas *celle* que je cherche.　彼女は私が探している女性ではない。

(c) 〈指示代名詞＋ -ci 〉，〈指示代名詞＋ -là 〉で対比を表わします。

Jean et Pierre sont arrivés, *celui-ci* par le train, *celui-là* par la route.
　　　　　　　　　　　ジャンとピエールが到着した。後者は列車で，前者は車で。

cf. Paul, c'est *toi* qui m'as appelé ?　　ポール，電話してきたのは君かい？
　　 Paul ? C'est *celui* qui est là-bas.　　ポール？ あそこにいる人だよ。

EX. 2 （ ）内に入れるべきものを，[ ]の中から選びなさい。

(1) — Je passerai chez Jean ce soir.
　　 — (　　) tombe bien ! Apporte-lui ce livre.

(2) — Oh ! Les jolies fraises !
　　 — Prends (　　) que tu préfères.

(3) — Paul ne suit pas ton conseil ?
　　 — Non, il n'aime pas que l'on lui dise (　　) qu'il faut faire.

(4) — Vous connaissez madame Dupont ?
　　 — Oui, c'est (　　) qui porte une robe blanche.

(5) — Vous parlez de quel étudiant ?
　　 — Je parle de (　　) dont la mère est actrice.

　　　　[ça　ce　celle　celles　celui]

3 目的語人称代名詞

数	単数				複数			
人称	1人称	2人称	3人称		1人称	2人称	3人称	
			男性	女性			男性	女性
主語	je	tu	il	elle	nous	vous	ils	elles
直接目的語	**me(m')** 私を[に]	**te(t')** 君を[に]	**le(l')** 彼を それを	**la(l')** 彼女を それを	**nous** 私たち を[に]	**vous** あなた(たち) を[に]	**les** 彼(女)らを それらを	
間接目的語			**lui** 彼(女)に				**leur** 彼(女)らに	

注 ( )内は母音字または無音のhで始まる語のまえで用います。

(a) 目的語人称代名詞への置き換え

直接目的語は3人称も含めて，「人」も「もの」も受けることができますが，間接目的語は「人」しか受けることができません。

J'ai mis *mes clés* sur la table.　　　　　→　Je *les* ai mises sur la table.
　私はテーブルのうえに鍵を置いた。　　　　　　　私はテーブルのうえにそれらを置いた。

Il emprunte de l'argent à *ses parents*.　→　Il *leur* emprunte de l'argent.
　彼はお金を両親から借りる。　　　　　　　　　　彼は彼らからお金を借りる。

注 〈à + もの〉は，中性代名詞 y を用います。

　Nous renonçons *à notre voyage*.　　　→　Nous *y* renonçons.
　ぼくたちは旅行をあきらめよう。　　　　　　　　ぼくたちはそれをあきらめよう。

(b) 目的語人称代名詞の位置

ⅰ) 肯定命令文以外では，**動詞**（複合時制のときは**助動詞**）の**直前**に置かれます。

Tu *la* connais, sa mère ?　　　　　　　　君は彼女を知ってる？　彼のお母さんを。
On *lui* a volé sa bicyclette.　　　　　　彼(女)は自転車を盗まれた。
Je ne *l'*ai pas vu ce matin.　　　　　　けさは彼と会わなかった。

注 直接目的語人称代名詞 + voilà [voici]

　Le voilà.　Il est arrivé.　　　　　　　　彼だ。来たよ。

2つの目的語人称代名詞（および中性代名詞）を用いるときの語順：

主語 + (ne) + { me / te / nous / vous } { le / la / les } { lui / leur } + y + en + (助)動詞 + (pas)

Ce CD m'a plu. Je *te le* prête ?　　　　このCDはよかったよ。君に貸そうか？
Ce chemin *vous y* mènera.　　　　　　この道を行けばそこに出ます。

ii) 肯定命令文では**動詞の直後**におかれ，トレ・デュニオン (-) でつながれます。このとき me は moi に，te は toi になります。ただし中性代名詞 en の前では m'en, t'en となります。

Montrez-*moi* votre carte d'identité.　　　身分証明書を私に見せてください。
Je veux de l'eau. Donnez-*m'*en, s'il vous plaît.　水が欲しい。私にそれをください。

注 再帰代名詞の位置は目的語人称代名詞の語順と同じです。

Je ne *m'*attendais vraiment pas à cela !　　本当にそれは予想してなかったよ！
Dépêche-*toi* !　　　　　　　　　　　　　急ぎなさい！

肯定命令文で2つの目的語人称代名詞を用いるときの語順：
　命令動詞＋直・目 (le, la les) ＋間・目 (moi, toi, lui, nous, vous, leur)
　Montrez-*la-moi*.　　　　　　　　　　　私にそれを見せてください。

注 否定命令文では「i) 肯定命令文以外」の語順に従います。

Ne *me la* montrez pas.　　　　　　　　　私にそれを見せないでください。

EX. 3　(　) 内に入れるべきものを，[　] の中から選びなさい。

(1) ― J'ai de la fièvre.
　　― Ne (　　) passe pas ton rhume !
(2) ― Maman, Pierre est encore au lit.
　　― Réveille-(　　) tout de suite.
(3) ― Où sont les ciseaux ?
　　― Je (　　) ai mis dans le tiroir.
(4) ― Pascal est là ?　La réunion de cet après-midi a été remise.
　　― Je vais le (　　) dire.
(5) ― Sylvie n'est pas encore arrivée ?
　　― Ah, (　　) voilà.

　　　　[la　le　les　lui　me]

4 中性代名詞

中性代名詞は性・数変化がありません。位置は目的語人称代名詞や再帰代名詞と同じです。

① **y**

(a) 〈**à [dans, en, chez** など]＋場所〉に代わります。
　　Mon père part *en Bretagne*. 　　　　　私の父はブルターニュへ出発する。
　　→ Mon père *y* part. 　　　　　　　　　私の父はそこへ出発する。

(b) 〈**à**＋名詞（もの）〉に代わります。
　　Il s'habituera vite *à la vie de Paris*. 　　彼はすぐにパリの生活に慣れるだろう。
　　→ Il s'*y* habituera vite. 　　　　　　　彼はすぐにそれに慣れるだろう。

　　注 〈à＋人〉は受けないので注意してください。
　　　Paul a téléphoné à Marie. 　　　　　　ポールはマリーに電話した。
　　　→ Paul *lui* a téléphoné. 　　　　　　ポールは彼女に電話した。
　　　Paul pense à Marie. 　　　　　　　　　ポールはマリーのことを思っている。
　　　→ Paul pense à *elle*. 　　　　　　　ポールは彼女のことを思っている。

　　注 y compris「〜を含めて」という表現も何度か出題されています。
　　　Le domaine de mon grand-père fait dix hectares, *y compris* la forêt.
　　　　　　　　　　　　　　　　　　　　　　私の祖父の所有地は森も含めて10ヘクタールだ。

② **en**

(a) 〈**de**＋場所〉に代わります。
　　Il est revenu *de Paris*. 　　　　　　　彼はパリから戻った。
　　→ Il *en* est revenu. 　　　　　　　　　彼はそこから戻った。

(b) 〈**de**＋名詞表現（もの）〉に代わります。
　　Je me débarrasse *de cette vieille moquette*. 　私はその古い絨毯を捨てる。
　　→ Je m'*en* débarrasse. 　　　　　　　私はそれを捨てる。

(c) 〈不定冠詞複数 (**des**)，部分冠詞 (**du, de la, de l'**)，否定の **de (d')**＋名詞〉に代わります。
　　Ils jettent *des cailloux* dans l'étang. 　彼らは池に小石を投げる。
　　→ Ils *en* jettent dans l'étang. 　　　　彼らはそれらを池に投げる。
　　Elle mange *de la soupe*. 　　　　　　　彼女はスープを飲む。
　　→ Elle *en* mange. 　　　　　　　　　　彼女はそれを飲む。
　　Il n'y a plus *de vin*. 　　　　　　　　もうワインがありません。
　　→ Il n'y *en* a plus. 　　　　　　　　　もうそれはありません。

(d) 〈数量副詞 (**trop, beaucoup, un peu, assez**)＋**de**＋名詞〉の **de**＋名詞に代わります。
　　Il y a assez *de vin* pour vous. 　　　　あなたたちのために充分ワインがあります。
　　→ Il y *en* a assez pour vous. 　　　　あなたたちのためにそれが充分あります。

(e) 〈数詞＋名詞〉の名詞に代わる。
　　Cet appartement comprend trois *pièces*. 　このアパルトマンは3部屋ある。
　　→ Cet appartement *en* comprend trois. 　このアパルトマンはそれが3つある。

③ **le**

(a) 文，従属節，不定詞に代わります。

Vous savez *qu'il a gagné la médaille de bronze* ?
あなたは彼が銅メダルを獲得したことを知っていますか？
→ Vous *le* savez ? あなたはそれを知っていますか？
Tu veux *prendre un bain* ? 君はお風呂に入りたい？
→ Tu *le* veux ? 君はそうしたい？

(b) 属詞（名詞，形容詞）に代わります。

Je suis *fatigué*. 私は疲れている。
→ Je *le* suis. 私はそうです。

EX. 4 （　）内に入れるべきものを，[　]の中から選びなさい。

(1) — Combien est le loyer ?
　　— Mille euros, (　　) compris l'électricité.

(2) — Demain, vous partez pour la France, mais Julie est tombée malade.
　　— Oui, je (　　) sais. Tant pis, nous y renonçons.

(3) — Le vélo de Florence est plein de poussière.
　　— Elle ne s'(　　) sert plus.

(4) — Mon père a un plan de Barcelone ?
　　— Bien sûr, il (　　) est déjà allé.

(5) — Robert et Lise, vous avez déjà vu ce film ?
　　— Non, mais nous (　　) avons entendu parler.

　　　　[en　le　y]

5 関係代名詞

以下の説明では，イタリック体が先行詞，下線部が関係詞節を示します。準2級では前置詞＋複合関係代名詞も出題されます (⑥)。

① **qui**　先行詞（人・もの）は関係詞節の主語。ce を先行詞とすることもあります。
C'est *moi* qui dois remplir ce formulaire ? (qui = moi)
　　　　　　　　　　　　　　　　　　この申込み用紙に記入しなければならないのは私ですか？
Ce qui m'intéresse, c'est la musique.　　　私に興味があるのは音楽です。

② **que**　先行詞（人・もの）は関係詞節の直接目的語。ce を先行詞とすることもあります。
Je te montrerai *l'album* que j'ai acheté pour les enfants. (que = l'album)
　　　　　　　　　　　　　　　　　　私が子どもたちのために買ったアルバムを君に見せよう。
Jean n'a pas compris *ce* que le professeur a dit.
　　　　　　　　　　　　　　　　　　ジャンは先生の言ったことがわからなかった。

③ **dont**　関係詞節で，〈**de**＋先行詞〉の形で補語になります。
Vous voyez *la maison* dont le toit est vert ?　　屋根が緑の家が見えますか？
　(← Vous voyez *la maison*. / Le toit *de la maison* est vert.)
Voici *le dictionnaire* dont j'ai besoin pour travailler.
　　　　　　　　　　　　　　　　　　勉強するために私が必要としている辞書がここにあります。
　(← Voici *le dictionnaire*. / J'ai besoin *de ce dictionnaire* pour travailler.)

　　注　dont には「その中には」という動詞を省略した用法もあります。

　　500 personnes, dont mon futur mari, ont participé à cette manifestation.
　　　　　　　　　　　　　　500人がそのデモに参加したが，その中には私の将来の夫もいた。

④ **où**　先行詞（もの）は関係詞節で，場所や時を表わす状況補語になります。
L'appartement où j'habite est près de la gare.　　私が住んでいるマンションは駅に近い。
　(où = *dans cet appartement*)
Le printemps, c'est *la saison* où tout recommence.
　(où = *à cette saison*)　　　　　　　　　　　春，それはすべてが再び始まる季節です。

⑤ **前置詞＋qui**　関係詞節で，「前置詞＋先行詞（人）」の形で補語になります。
La dame à qui j'ai parlé hier était gentille.　　私が昨日話した女性は親切だった。
　(← J'ai parlé hier *à une dame*. / *La dame* était gentille.)

⑥ **前置詞 + lequel** など　関係詞節で、「前置詞＋先行詞（もの）」の形で補語になります。先行詞の性・数に応じて変化します。また前置詞 à と de が先行するとき縮約されます。

先行詞の性・数	男性単数	女性単数	男性複数	女性複数
	lequel	**laquelle**	**lesquels**	**lesquelles**
à + ～	*au*quel	à laquelle	*aux*quels	*aux*quelles
de + ～	*du*quel	de laquelle	*des*quels	*des*quelles

Les branches sur lesquelles je suis monté sont solides.　　　　私が登った枝は堅い。
　(← Je suis monté sur *des branches*. / *Les branches* sont solides.)
Cette solution a *des avantages* auxquels tu n'as pas pensé.
　　　　　　　　　　　　　　　　　この解決策は君が考えていなかった利点があります。
　(← Cette solution a *des avantages*. / Tu n'as pas pensé *aux avantages*.)
Le parc à côté duquel j'habite est très grand.
　　　　　　　　　　　　　　　私がその隣に住んでいる公園はとても広い。
　(← J'habite à côté *d'un parc*. / *Le parc* est très grand.)

　注 dont は〈前置詞＋名詞〉のあとで用いることはできません。

EX. 5　（　）内に入れるべきものを，[　]の中から選びなさい。

(1)　— Ça te dit d'aller au cinéma ?
　　　— Pourquoi pas. Tu ne veux pas voir le film (　　) on parle beaucoup ?
(2)　— Il fait beau : on va faire du bateau sur le lac ?
　　　— Oui. Le lac, sur les bords (　　) poussent des iris, est pittoresque.
(3)　— Nous allons fêter nos noces d'argent demain.
　　　— Oui, je me rappelle le jour (　　) nous avons célébré notre mariage.
(4)　— Pourquoi est-ce qu'elle se fâche contre toi ?
　　　— Parce que j'ai cassé le vase (　　) elle tenait le plus.
(5)　— Qui est Aline ?
　　　— C'est la jeune fille avec (　　) je vais me marier.

　　　　[auquel　dont　duquel　où　qui]

筆記問題

6 疑問代名詞

① **性・数変化しないもの**

	主語	直接目的語・属詞	間接目的語・状況補語
人（誰）	(a) **qui**...? **qui est-ce qui**...?	(c) **qui** + 倒置形? **qui est-ce que**...?	(e) 前置詞 + **qui** + 倒置形? 前置詞 + **qui est-ce que**...?
もの（何）	(b) **qu'est-ce qui**...?	(d) **que** + 倒置形? **qu'est-ce que**...?	(f) 前置詞 + **quoi** + 倒置形? 前置詞 + **quoi est-ce que**...?

(a) *Qui* m'accompagne ?　　　　　　　　だれが私に付き添ってくれるの？
(b) *Qu'est-ce qui* se passe ?　　　　　　　なにがあったの？
(c) *Qui* cherche-t-il ? = *Qui est-ce qu'*il cherche ?　彼はだれを探しているの？
(d) *Qu'*aimez-vous ? = *Qu'est-ce que* vous aimez ?　なにがお好きですか？
　　Qu'est-ce que c'est ? = C'est *quoi* ?　　これはなんですか？
(e) À *qui* téléphone-t-il ? = À *qui est-ce qu'*il téléphone ?　彼はだれに電話するの？
(f) De *quoi* s'agit-il ? = De *quoi est-ce qu'*il s'agit ?　なにが問題なの？

② **性・数変化するもの**：「〜の中のだれ，なに」と選択をたずねる場合に用います。

男性・単数	女性・単数	男性・複数	女性・複数
lequel	**laquelle**	**lesquels**	**lesquelles**

Laquelle de ces deux montres préfères-tu ?　この2つの腕時計のどちらが好みなの？
Un de ses fils est peintre. — *Lequel* ?　彼の息子の1人は画家です。— どの人ですか？

■ **疑問形容詞**：「…はなに？，どのような…？」という意味です。

男性・単数	女性・単数	男性・複数	女性・複数
quel	**quelle**	**quels**	**quelles**

Je voudrais réserver une chambre.　　　　部屋を予約したいのですが。
— À *quel* nom ?　　　　　　　　　　　　— どなたの名前で？

EX. 6　（　）内に入れるべきものを，[　]の中から選びなさい。

(1) — Ça fait longtemps que je ne t'ai pas vu.
　　— Oui, ça fait cinq ans. (　　) deviens-tu ?
(2) — Il a déménagé l'année dernière.
　　— Dans (　　) ville habite-t-il maintenant ?
(3) — Je pars en vacances demain.　— Avec (　　) ?
(4) — Il y avait trois actrices dans ce film.
　　— À ton avis, (　　) est la plus jolie ?
(5) — Que pensez-vous du mouvement surréaliste ?
　　— De (　　) parlez-vous ? Je n'en sais rien.

　　　　[laquelle　que　quelle　qui　quoi]

7 間接疑問文

① **疑問詞を用いない疑問文：伝達動詞 ＋ si [s'] ＋ 被伝達文（平叙文の語順：主語＋動詞）**

Il me demande : « Est-ce que vous connaissez [Connaissez-vous] Paris ? »
　　　　　　　彼は私に「あなたはパリへ行ったことがありますか？」とたずねる。

→ Il me demande *si* je connais Paris.
　　　　　　　彼は私に，私がパリへ行ったことがあるかどうかたずねる。

② **疑問詞を用いた疑問文：伝達動詞＋疑問詞＋被伝達文（平叙文の語順：主語＋動詞）**

Il me demande : « Quand [À quelle heure] partez-vous ? »
　　　　　　　彼は私に「あなたはいつ[何時に]出発するのですか？」とたずねる。

→ Il me demande *quand* [*à quelle heure*] je pars.
　　　　　　　彼は私に，私がいつ[何時に]出発するのかたずねる。

注　1)　次の疑問代名詞は間接話法のなかでは変形します。

　　qui est-ce qui　→ **qui**　　　　　qui est-ce que　　→ **qui**
　　qu'est-ce qui　→ **ce qui**　　　　qu'est-ce que [que]　→ **ce que**

　　Il me demande : « Qu'est-ce que tu fais ? »
　　　　　　　彼は私に「君はなにをしているの？」とたずねる。

→ Il me demande *ce que* je fais.
　　　　　　　彼は私に，私がなにをしているのかたずねる。

2)　被伝達文が主語を省略して，〈疑問詞＋不定詞〉の形で示されることがあります。

Il y a trois dictionnaires. Je ne sais pas *lequel choisir*.
　　　　　　　3冊の辞書がある。私はどれを選べばいいのかわからない。

EX. 7　（　）内に入れるべきものを，[　]の中から選びなさい。

(1)　— Ce tableau est superbe.
　　　— Oui. Tu sais (　　) l'a peint ?

(2)　— La gare de Lyon est près d'ici.
　　　— Pouvez-vous m'expliquer (　　) on y va ?

(3)　— Quand part-on en vacances cette année ?
　　　— En juillet. Décidons (　　) on va.

(4)　— Que pensez-vous de mon projet ?
　　　— Excusez-moi, je n'ai pas compris ce (　　) vous venez de dire.

(5)　— Que voulez-vous comme dessert ?
　　　— Attendez. Je ne sais pas (　　) choisir.

　　　[comment　　lequel　　où　　que　　qui]

8 不定代名詞

肯定的な価値をもつもの

① **on**　「人（ひと）は，私（たち）は」など，主語として用いられます。動詞は常に 3 人称単数 (il) で活用します。
　　　　On doit payer à l'avance.　　　　　　　前金で支払わなくてはなりません。
　　　　Si tu veux, *on* visitera la Tour Eiffel.　君が望めばエッフェル塔を見学しよう。

② **quelqu'un**(*e*) / **quelques-un**(*e*)**s**　「だれか，ある人」「何人か」
　　　　Est-ce qu'il y a *quelqu'un* dans la salle ?　— Il n'y a personne.
　　　　　　　　　　　部屋にだれかいる？　—だれもいないよ。
　　　　Tous vos étudiants sont japonais ?　— Non, *quelques-uns* sont anglais.
　　　　　　　　　　　あなたの学生は皆日本人なのですか？　—いや，何人かはイギリス人だよ。

③ **quelque chose**　「なにか」
　　　　Vous voulez *quelque chose* ?　— Non, je ne veux rien, merci.
　　　　　　　　　　　なにかお望みでしょうか？　—いいえ，なにもいりません。ありがとう。

④ **quelque part**　「どこか」
　　　　Tu connais Michèle ?　—Je l'ai rencontrée *quelque part*, je crois.
　　　　　　　　　　　ミシェルを知ってる？　—どこかで会ったことがあると思う。

⑤ **chacun**(*e*)　「それぞれ」　主語になる場合，動詞は 3 人称単数で活用します。
　　　　Fais deux copies de *chacun* de ces documents.　この書類を各2部コピーしてね。
　　　　Chacun pense à soi.　　　　　　　　　　だれもが自分のことを考えるものだ。

⑥ **plusieurs**　「…の何人か [いくつか]」，「何人もの人たち」
　　　　Plusieurs d'entre eux sont déjà partis.　彼らのうちの何人かがすでに旅立った。

⑦ **certain**(*e*)**s**　「ある人たちは」（複数）
　　　　Certains disent que c'est vrai, d'autres que c'est faux.
　　　　　　　　　　　ある人たちはそれは真実だと言い，またほかの人たちはまちがいだと言っている。

⑧ **tout**　（中性・単数）「全てのもの」 / **tous**　（男性・複数），**toutes**　（女性・複数）「全ての人 [もの]」
　　　　Il ferait *tout* pour de l'argent.　　　　彼は金のためなら何でもしかねない。
　　　　Ils sont *tous* contents.　　　　　　　　彼らは皆満足している。（同格）

　　注 1)　tout が直接目的語の場合，複合時制では助動詞と過去分詞のあいだに置かれます。
　　　　　Ils ont *tout* compris.　　　　　　　　彼らはすべてを理解した。

　　　 2)　tout が不定詞の目的語の場合，不定詞のまえに置かれます。
　　　　　Guy a dû *tout* recommencer.　　　　　ギイは全部をやり直さなければならなかった。

⑨ **un**(*s*)　「…の 1 人 [1 つ]」，定冠詞を伴い「一方の人 [もの]」
　　　　Voici *un* de mes meilleurs souvenirs de Paris.　これはパリの最もいい思い出の1つです。
　　　　Les *uns* sont pour, les autres sont contre.　賛成の人もいれば反対の人もいる。

⑩ **autre**(*s*)　不定冠詞を伴い「他の人 [もの]」，定冠詞を伴い「もう一方の人 [もの]」
　　　　Il ne dit que du mal *des autres*.　　　彼は他人の悪口しか言わない。

⑪ **autre chose**　「他のもの［こと］」
　　Voulez-vous *autre chose* ?　　　　　　　ほかになにか必要なものがありますか？
⑫ **le même** / **la même** / **les mêmes**　定冠詞を伴い「同じもの」
　　Tu as vu Paul ? — Oui, il reste *le même*.　ポールに会った？ —うん，相変わらずだよ。

否定的な価値をもつもの
① **ne ～ personne / personne ～ ne**　「だれも…ない」
　　Il *n*'y avait *personne* dans le train.　　列車内にはだれもいなかった。
② **ne ～ rien / rien ～ ne**　「なにも…ない」
　　Je *ne* connais *rien* d'elle, sauf le nom.　彼女のことは名前以外なにも知らない。
③ **ne ～ aucun(*e*) / aucun(*e*) ～ ne**　「1人も…ない」
　　Aucun de ses amis *n*'est venu la voir.　友だちの1人も彼女に会いに来なかった。
④ **n' importe** +代名詞　「いかなる［どんな］…（でも）」
　　N' importe qui peut entrer.　　　　　　だれでも入れます。
　　Elle dit *n' importe quoi* !　　　　　　　彼女は何でも（いいかげんなことを）言う！
⑤ **ne ～ nulle part**　「どこにも…ない」
　　J'ai cherché ma clé partout, mais je *ne* l'ai trouvée *nulle part*.
　　　　　　　　　　　　　　鍵をそこら中探してみたが，どこにも見当たらなかった。

EX. 8　（　）内に入れるべきものを，［　］の中から選びなさい。

(1) — Guy, (　　) t'attend à la réception.
　　— J'arrive.
(2) — Il y avait beaucoup de monde à la fête ?
　　— Non, (　　). Je me suis trompé de jour.
(3) — Je suis désolée d'être arrivée en retard.
　　— Ce n'est pas grave. (　　) ne presse.
(4) — Tu n'as pas appelé tes frères ?
　　— Si, mais ils étaient (　　) absents.
(5) — Vous avez vu ce film ?
　　— Non, mais (　　) en parle beaucoup en ce moment.

　　　［on　personne　quelqu'un　rien　tous］

9 所有代名詞

「〜のもの」の意味になります。指し示す名詞の性，数によって変化します。つねに定冠詞とともに用いられます。

所有される名詞の性・数 所有者	男性・単数	女性・単数	男性・複数	女性・複数
je → 私のもの	le mien	la mienne	les miens	les miennes
tu → 君のもの	le tien	la tienne	les tiens	les tiennes
il / elle → 彼(女)のもの	le sien	la sienne	les siens	les siennes
nous → 私たちのもの	le nôtre	la nôtre	les nôtres	
vous → あなた(たち)のもの	le vôtre	la vôtre	les vôtres	
ils, elles → 彼(女)らのもの	le leur	la leur	les leurs	

Voici le cadeau de Paul et *le mien*. (le mien = mon cadeau)
　　　　　　　　　　　　　これがポールのプレゼントと私のプレゼントです。
Votre chien est plus grand que *le nôtre*. (le nôtre = notre chien)
　　　　　　　　　　　　　あなた方の犬は私たちの犬よりも大きい。

EX. 9　（　）内に入れるべきものを，［　］の中から選びなさい。

(1) — Mon portable ne marche pas bien.
　　— Utilise (　　), si tu veux.
(2) — Ma femme n'aime pas faire la cuisine.
　　— (　　) non plus.
(3) — Ces chaussures sont à vous ?
　　— Non, ce sont (　　).
(4) — Denis et Cécile, vos parents sont encore jeunes ?
　　— Non, (　　) sont âgés.
(5) — Rose, tu as une très jolie robe.
　　— (　　) est aussi belle.

　　［ la mienne　la tienne　le mien　les nôtres　les vôtres ］

まとめの問題

次の各設問において，対話 (1) 〜 (5) の (　) 内に入れるのにもっとも適切なものを下の①〜⑦のなかから1つずつ選び，解答欄にその番号を書いてください。ただし，同じものを複数回用いることはできません。なお，①〜⑦では，文頭にくるものも小文字にしてあります。(配点10)

1

(1) — C'est vraiment dommage.
　　— Oui, mais ce n'est de la faute de (　　　).

(2) — Comment trouves-tu Annie ?
　　— Annie ? Celle (　　　) le père est médecin ?

(3) — Il faut que je l'explique à Paul ?
　　— Non, ce n'est pas la peine. Je lui (　　　) parlerai demain.

(4) — Montrez-moi les photos de votre dernier voyage.
　　— (　　　) de Paris ? Je vais les chercher.

(5) — Vous connaissez la mère d'Anne ?
　　— C'est (　　　) que nous avons rencontrée hier ?

① celles　② dont　③ elle　④ en
⑤ laquelle　⑥ personne　⑦ rien

(1)	(2)	(3)	(4)	(5)

2

(1) — Je veux aller aux toilettes.
　　— Vas-(　　　). Je t'attends à la sortie.

(2) — Merci mille fois.
　　— Il n'y a pas de (　　　).

(3) — Pourquoi participez-vous à ce stage ?
　　— (　　　) qui est important pour moi, c'est de créer des liens.

(4) — Tu veux quelque chose ?
　　— Non, merci. Je ne veux (　　　).

(5) — Virginie portait une très jolie robe.
　　— Oui, j'aimerais avoir la (　　　).

① ce　② celles　③ même　④ quelque chose
⑤ quoi　⑥ rien　⑦ y

(1)	(2)	(3)	(4)	(5)

3 (1) — Ce gâteau est très bon.
　　　— C'est vrai ? Je vous en sers un (　　　) ?
　(2) — C'est quoi, ce vieux bâtiment ?
　　　— C'est la maison (　　　) est née ta grand-mère.
　(3) — Comment trouves-tu Michel ?
　　　— C'est une personne sur (　　　) tu peux compter.
　(4) — Mon vélo est en panne.
　　　— Sers-toi de (　　　) de mon frère.
　(5) — Tu ne connais pas l'italien ?
　　　— Non. Traduis-moi ce (　　　) est écrit sur ce manuel.

　　① autre　　② celle　　③ celui　　④ laquelle
　　⑤ où　　⑥ personne　　⑦ qui

(1)	(2)	(3)	(4)	(5)

4 (1) — Auquel de ces quatre étudiants donnez-vous le prix ?
　　　— Nous avons choisi (　　　) qui porte une robe bleue.
　(2) — Je peux vous aider, monsieur ?
　　　— Je cherche un cadeau pour ma fille. (　　　) me conseillez-vous ?
　(3) — Je veux cette poupée-là.
　　　— (　　　) ? Celle au fond de la vitrine ?
　(4) — Pardon monsieur, ça coûte combien ces cartes ?
　　　— 1 euro (　　　), 10 euros pour les 12.
　(5) — Roger plaisante tout le temps.
　　　— Mais il y a toujours (　　　) de vrai dans ce qu'il dit.

　　① celle　　② chacune　　③ en　　④ laquelle
　　⑤ que　　⑥ quelque chose　　⑦ rien

(1)	(2)	(3)	(4)	(5)

5 (1) — Dommage que les jeunes ne s'intéressent pas à la politique.
　　　— À quoi bon ? (　　　　) ne changera.
　(2) — Je ne connais pas le numéro de portable de Pierre.
　　　— Alors composez (　　　　) de son téléphone fixe.
　(3) — Quand l'as-tu vu pour la dernière fois ?
　　　— J'ai oublié la date. Mais c'est l'année (　　　　) tu as été hospitalisé.
　(4) — Tu peux me prêter ton smartphone ?
　　　— Oui, mais (　　　　) est cassé ?
　(5) — Vous avez quelque chose cet après-midi ?
　　　— Oui, j'ai rendez-vous avec mes parents. Je vais chez (　　　　).

① autre　② celui　③ eux　④ lequel
⑤ le tien　⑥ où　⑦ rien

(1)	(2)	(3)	(4)	(5)

6 (1) — Est-ce que vous avez des avocats ?
　　　— Oui, vous (　　　　) voulez combien ?
　(2) — Il y a encore des gens à la fête ?
　　　— Oui, mais (　　　　) sont déjà partis.
　(3) — Jérôme est trop difficile pour la nourriture, non ?
　　　— Je ne sais pas (　　　　) alimentation lui donner.
　(4) — Mon ordinateur ne marche plus. Je ne peux pas travailler.
　　　— Achètes-en un (　　　　).
　(5) — Nous avons quelque chose à vous demander.
　　　— Oui, c'est (　　　　) ?

① autre　② certains　③ chacune　④ en
⑤ quelle　⑥ qui　⑦ quoi

(1)	(2)	(3)	(4)	(5)

長文完成

筆記問題 5

　長文のなかの空欄にはいる適切な語句を選択肢のなかから選ぶ問題です。配点は 10 点です。
　出題される長文は，新聞や雑誌でとりあげられる経済問題や社会問題が 3 人称体で書かれています。ふだんの学習では，なるべく辞書を使わないでフランス語文の読解練習をするようにしましょう。文脈を丁寧にたどりながら，知らない単語も類推しながら読んでみることも大切な作業です。ただし，読み終わったあとで，初めて出会った単語はすべてチェックしてその場で覚えてしまいましょう。

各設問の文章を読み，（ 1 ）～（ 5 ）に入れるのにもっとも適切なものを，それぞれ下の①～③のなかから1つずつ選び，その番号を解答欄に記入してください。（配点 10）

1 Comment intéresser les élèves en classe ? C'est une question difficile pour les professeurs.

　La 3D pourrait être une solution. Une expérience vient （ 1 ） dans plusieurs collèges d'Europe. C'est un outil supplémentaire pour les professeurs, qui arrivent （ 2 ） à mieux attirer l'attention des élèves.

　Cela fonctionne comme au cinéma. Il faut un ordinateur et un vidéoprojecteur. Les élèves et le professeur mettent leurs grosses lunettes.

　（ 3 ）, la 3D est surtout utilisée en biologie. Elle montre, par exemple, la circulation du sang dans le corps ou comment fonctionne le cœur. Elle est aussi utilisée en mathématiques, pour les cours de géométrie dans l'espace. Mais （ 4 ） pourraient faire l'objet de cours en 3D, comme la géologie, pour montrer le mouvement du sol et les tremblements de terre. L'histoire aussi pourrait être enseignée en 3D avec des programmes de voyages dans le temps.

　Les élèves qui （ 5 ） en 3D ont mieux retenu leurs cours que les autres élèves, qui ont suivi un cours classique. Bref, avec la 3D en classe, les élèves semblent devenir meilleurs.

〈単語リスト〉
supplémentaire　補助的な　　vidéoprojecteur　ビデオ映写機　　biologie　生物学
circulation　循環　　　　　　géométrie　幾何学　　　　　　　géologie　地質学

(1) ① d'être menée
　　② d'être tenue
　　③ de ne pas être portée
(2) ① ainsi
　　② aussi
　　③ pourtant
(3) ① Avec le temps
　　② Enfin
　　③ Pour l'instant
(4) ① ces sujets
　　② d'autres matières
　　③ tous les mêmes
(5) ① ne se sont aperçus de rien
　　② ont écouté les informations
　　③ ont vu des images

(1)	(2)	(3)	(4)	(5)

2 Il existe trois grands types de calendriers dans le monde. Ils n'ont pas tous le même nombre de jours, ce qui explique que l'on fête la nouvelle année (1).

Notre calendrier, le « grégorien », est le calendrier universel. Il se base sur le cycle de la Terre, qui (2) presque 365 jours à faire le tour du Soleil. Le calendrier « musulman » se base sur les cycles de la Lune. La Lune fait le tour de la Terre en à peu près 29 jours et demi. Une année selon ce calendrier fera donc 354 à 355 jours, soit 11 jours (3) chez nous. Enfin, le calendrier « chinois » est un mélange de ces deux systèmes. Il se base sur les cycles de la Lune, mais, pour ne pas être trop décalé (4) aux saisons, on lui ajoute tous les trois ans un mois supplémentaire. Le Nouvel An chinois a ainsi (5) lieu entre le 21 janvier et le 20 février selon le calendrier grégorien.

〈単語リスト〉
grégorien グレゴリオ暦   musulman イスラム暦   décaler ずれる

(1) ① à d'autres dates
    ② à des dates différentes
    ③ à la même date
(2) ① est
    ② met
    ③ passe
(3) ① d'autant que
    ② de moins que
    ③ de plus que
(4) ① correspondant
    ② contraire
    ③ par rapport
(5) ① parfois
    ② rarement
    ③ toujours

| (1) | (2) | (3) | (4) | (5) |

3 Chaque année, en France, près de 60 000 chiens et chats sont abandonnés. C'est triste, bien sûr.

Mais l'excès inverse existe aussi. Des maîtres sont (1) à tout pour gâter les animaux de compagnie.

Tout est parti d'Amérique et d'Asie. Là-bas, rien n'est trop beau pour les chiens, (2) d'être riche. On leur propose le même confort, les mêmes loisirs que pour les humains.

Les patrons de ces sociétés sont contents de cette tendance car le marché (3). Les Américains dépensent chaque année 39 milliards d'euros pour leurs amis à quatre pattes. La France étant le pays d'Europe qui compte le plus d'animaux de compagnie, on comprend que cette (4) débarque doucement chez nous.

Mais si l'on considère son chien comme une poupée vivante, on (5) d'oublier les gestes essentiels à son bien-être : le nourrir régulièrement, le sortir plusieurs fois par jour et bien l'éduquer.

〈単語リスト〉
excès 過剰　　　inverse 逆の　　　confort 快適な生活
société 会社　　débarquer 上陸する　bien-être 幸福感　　éduquer しつける

(1) ① bons
　　② nécessaires
　　③ prêts
(2) ① à condition
　　② à moins
　　③ avant
(3) ① a lieu
　　② marche mal
　　③ rapporte gros
(4) ① compagnie
　　② intention
　　③ tendance
(5) ① arrêtera
　　② essaiera
　　③ risquera

(1)	(2)	(3)	(4)	(5)

4 Le cirque Amar est l'un des derniers grands cirques qui, pendant presque toute l'année, est en tournée en France. Pour faire vivre ce grand cirque, il faut 130 véhicules et 150 personnes. Et il y a aussi les enfants des propriétaires du cirque. (1).

Pour eux, la semaine est rythmée par les voyages, les spéctacles et l'école. L'école, qui y existe depuis 2001, est installée dans un camion du cirque. Elle emploie une jeune femme comme maîtresse. Les enfants ont de 8 à 16 ans et la classe est unique. Alors (2).

L'école fonctionne les mardis, mercredis et vendredis toute la journée et également les lundis et jeudis après-midi. (3), il n'y a pas de cours car ce moment est consacré au voyage du cirque d'une ville à l'autre. Et (4) les devoirs terminés, ils se préparent pour le spectacle du soir. Au programme : le placement du public, la vente de popcorns et surtout leur numéro de gymnaste avant le passage des artistes du cirque. C'est un emploi du temps (5) pour ces jeunes à qui le cirque appartiendra un jour.

〈単語リスト〉

| véhicule 車両 | propriétaire 所有者 | placement 席への案内 |
| gymnaste 体操選手 | numéro 出しもの | appartenir …のものである |

(1) ① Ils n'ont pas une vie comme les autres
    ② Ils n'ont pas une vie différente des autres
    ③ Ils ont une vie indépendante des autres

(2) ① il faut s'adapter au niveau de chacun
    ② il faut s'habituer à cette nouvelle vie
    ③ il ne faut pas se faire à cette classe

(3) ① Les lundis et jeudis après-midi
    ② Les lundis et jeudis matin
    ③ Les mardis et mercredis

(4) ① avant
    ② en effet
    ③ une fois

(5) ① bien chargé
    ② très variable
    ③ vain

(1)	(2)	(3)	(4)	(5)

5 L'humour, c'est un bon moyen de faire rire, (1) de faire réfléchir sur certains sujets.　Cela fait partie de la liberté d'expression, qui est un droit en France.

　　Pour autant, peut-on rire de tout ?　C'est une grande question à laquelle on répond souvent : « Oui, mais pas avec n'importe qui. »　(2), on peut rire de tout, mais seulement avec des personnes qui comprennent l'humour que l'on pratique.

　　Mais (3) : il faut aussi que les intentions de l'humoriste soient bonnes. Si sa blague ne sert qu'à se moquer bêtement, alors il y a des raisons (4) et d'en être choqué.　Mais si elle permet de dénoncer un défaut ou une injustice dans la société, c'est gagné.

　　Enfin, pour pouvoir rire de tout, il faut surtout que ce soit (5).　Cela demande de l'intelligence et du talent dans l'écriture des sketches.　Ce qui n'est pas donné à tous les humoristes.

〈単語リスト〉
pour autant　だからといって　　　blague　冗談　　　　　dénoncer　告発する
défaut　誤謬　　　　　　　　　　injustice　不正

(1) ① au contraire
　　② comme avant
　　③ mais aussi
(3) ① c'est tout
　　② il y a une raison
　　③ il n'y a pas que ça
(5) ① drôle
　　② ennuyeux
　　③ nul

(2) ① Autrement dit
　　② À vrai dire
　　③ Entre autres
(4) ① de ne pas rire
　　② d'en être touché
　　③ de s'y intéresser

(1)	(2)	(3)	(4)	(5)

6 On dirait parfois que l'argent est un sujet interdit, (1) l'une des principales préoccupations des gens. Les enfants, eux, (2). À Noël, un enfant sur trois, tous âges confondus, a demandé de l'argent en cadeau. Et, dès 8 ans, la plupart des jeunes (sept sur dix) ont de l'argent de poche. Les parents acceptent d'en donner car ils veulent qu'ils sachent très tôt gérer un budget. Est-ce efficace ? Oui ! Selon une étude, les enfants (3) : ils économisent pour faire de gros achats.

Vous avez peut-être reçu de l'argent pendant les fêtes. On appelle cela des étrennes. C'est une tradition qui remonte à l'Antiquité. Pendant longtemps, on (4) à Noël à la famille et aux amis, mais de l'argent à l'Épiphanie. La tradition continue. Dans certaines familles, des grands-parents donnent (5) des louis d'or à leurs petits-enfants. Ces pièces anciennes datent de l'époque des rois. Le prix d'un louis d'or varie de 500 à 1500 euros. Parfois plus !

〈単語リスト〉
préoccupation 関心事   gérer 管理する   budget 予算
Épiphanie 公現祭（幼子イエスが東方の三博士の訪問を受けたことを記念する日で1月6日）

(1) ① alors que c'est
　　② comme si c'était
　　③ parce que c'est
(2) ① n'ont pas honte d'en parler
　　② n'ont pas besoin de gagner de l'argent
　　③ ont peur d'y penser
(3) ① dépensent peu
　　② ne mettent pas de l'argent de côté
　　③ trouvent souvent de l'argent
(4) ① ne vous faisait pas plaisir
　　② n'offrait pas de cadeaux
　　③ offrait de l'argent
(5) ① déjà
　　② également
　　③ encore

(1)	(2)	(3)	(4)	(5)

長文読解

筆記問題 6

　15行前後の長文を読んで，その内容について述べたフランス語文が長文の内容に一致するかどうかを判断する問題です。選択式問題で，配点は12点です。

　出題される長文は1人称で語られる体験談だったり，フランスの社会問題がからむ3人称体の文章だったりします。注意点は「5 長文完成」で述べたこととほぼ同じですが，文章の内容が報道文ではなく，ある人物の行動やその人に起こった出来事だったりすることが多いので，行動や出来事の因果関係に気をつけながら読み進める必要があります。

各設問の文章を読み，下の (1) 〜 (6) について，文章の内容に一致する場合は解答欄に①と，一致しない場合は②と書いてください。(配点 10)

1

Cécile a 45 ans. Elle a un fils qui s'appelle Léon.

Quand elle a rencontré Pierre, il était déjà père de deux enfants et n'en voulait pas d'autre. Quant à elle, elle arrivait à un âge, 37 ans, où on ne vous demande plus « Vous avez des enfants ? », mais « Quel âge ont-ils ? ». Le temps de convaincre son mari et de mettre Léon en route, elle avait 42 ans. Aujourd'hui, quand elle voit son fils de 3 ans courir vers elle, elle oublie tout le reste.

Quand Léon aura 15 ans, Pierre approchera les 64 ans et elle 57. Son mari s'inquiète parfois d'être trop vieux pour l'accompagner sur leur petit voilier, comme il le fait avec son fils aîné. Elle n'est pas inquiète. Elle est sûre qu'ils resteront longtemps en forme. Mais ils anticipent plus de choses, ils prévoient. Ils ont ouvert un compte bancaire pour que, plus tard, Léon puisse payer ses études.

Maintenant ils vivent pleinement sans se faire du souci pour un demain qu'ils ne peuvent pas connaître. Elle est la jeune maman d'un petit garçon de 3 ans.

〈単語リスト〉
Le temps de　…するあいだ
convaincre　説得する
anticiper　予定より早く行なう
mettre qn en route　（子供を）妊娠する
voilier　ヨット
compte bancaire　銀行口座

(1) Cécile avait déjà dépassé 37 ans quand elle a rencontré Pierre.
(2) Cécile a convaincu Pierre d'avoir un autre enfant.
(3) Cécile avait 42 ans quand Léon est né.
(4) Pierre est plus âgé que Cécile de 7 ans.
(5) Cécile et Pierre sont sûrs qu'ils accompagneront Léon sur leur voilier.
(6) Le souci du lendemain ne quitte jamais Cécile et Pierre.

(1)	(2)	(3)	(4)	(5)	(6)

2 Chikako, écolière, habitait à Hitachi. En mai 2012, sa ville a été fortement secouée par le tremblement de terre. Les plages ont été touchées par le tsunami, mais pas sa maison située près d'une montagne. Pendant une semaine, elle n'a eu ni eau, ni gaz, ni électricité.

Elle était à l'école quand s'est produite la catastrophe. L'instituteur a demandé à ses élèves de tous se regrouper dans la cour de récréation. C'est l'habitude quand il y a un tremblement de terre. Le séisme a beaucoup secoué la maison et tout a bougé très fort. Tous les livres sont tombés.

On continue à ressentir des tremblements de terre et depuis ce séisme, cela lui fait toujours très peur. Quand elle revoit les images du tsunami à la télévision, elle a vraiment très peur.

Maintenant, on garde beaucoup de bouteilles d'eau en réserve. On garde aussi beaucoup de piles. On doit beaucoup économiser l'électricité en éteignant la lumière ou arrêter complètement la télévision pour ne pas trop dépenser d'énergie.

Elle pense souvent aux gens qui habitaient près des côtes et va allumer des bougies pour envoyer ses prières vers l'océan.

〈単語リスト〉
cour de récréation　校庭　　　séisme　地震　　　pile　乾電池
économiser　節約する

(1) La maison de Chikako a été détruite par le tsunami.
(2) Les élèves avaient l'habitude de se regrouper dans la classe quand se produisait un temblement de terre.
(3) Il n'y a plus de temblement de terre depuis mai 2012.
(4) Les images du tsunami passent encore à la télévision.
(5) Maintenant, on a peur que le courant électrique ne soit coupé à cause du temblement de terre.
(6) Chikako plaint les sinistrés qui habitaient près de la mer.

(1)	(2)	(3)	(4)	(5)	(6)

3. Nik Wallenda, un funambule américain de 33 ans, a relié les États-Unis au Canada en moins de 30 minutes. Pas de quoi s'étonner, pensez-vous ? Sauf que Nik, pour réussir cette traversée, marchait sur un fil tendu à 60 mètres au dessus des chutes du Niagara. Le dernier à avoir réussi cet exploit l'avait accompli en 1896 ! Nik Wallenda a dû demander une autorisation spéciale pour réaliser son exploit. Et il a dû s'équiper d'un harnais de sécurité.

Mais ce n'est pas parce qu'il était attaché que l'exploit de Wallenda est moins impressionnant. Vêtu d'un pantalon noir, d'une veste rouge imperméable et de chaussures spéciales, il a tenté la traversée de la rivière Niagara à la nuit tombée, éclairé par d'énormes projecteurs. Il n'a pas tremblé, malgré la brume provoquée par les chutes d'eau.

À son arrivée, il a annoncé son nouveau projet : traverser le Grand Canyon, une gorge creusée par un fleuve de plus de 1300 mètres de profondeur !

〈単語リスト〉
funambule 綱渡り芸人　　　exploit 快挙　　　s'équiper 装備を調える
harnais de sécurité 安全ベルト
ce n'est pas parce que A que B　AだからといってBということにはならない
impressionnant 感動的な　　　gorge 峡谷

(1) Les chutes du Niagara se trouvent à la frontière entre le Canada et les États-Unis.
(2) Nik Wallenda a été le premier à marcher sur un fil tendu au-dessus des chutes du Niagara.
(3) Nik Wallenda a obtenu l'autorisation de traverser la rivière Niagara à condition de s'équiper d'un harnais de sécurité.
(4) On ne trouve pas l'exploit de Nik Wallenda impressionnant parce qu'il s'est équipé d'un harnais de sécurité.
(5) Nik Wallenda a réussi à traverser la rivière Niagara dans le noir.
(6) Nik Wallenda a l'intention de traverser le Grand Canyon.

(1)	(2)	(3)	(4)	(5)	(6)

[4] Philippe adore conduire depuis toujours. Il ne peut pas être dans un bureau toute la journée. Il aime le mouvement. Se déplacer, voir des gens, du pays, avoir du contact avec les gens, c'est ce qu'il veut faire depuis longtemps. Il cherchait vraiment à être chauffeur.

Cela fait quatre mois qu'il roule pour cette compagnie de taxi. Il a la chance de pouvoir passer de bons moments. Parfois, les clients ont besoin d'aller aux endroits difficiles, comme aux Champs-Élysées, ou à la place de la Concorde. Il leur montre qu'il sait conduire. Il essaie d'avoir une conduite écologique. Il respecte le freinage, il arrive au feu en douceur. Passé cette étape, il a toute leur confiance.

Récemment, il a eu l'occasion de faire une très belle course. Une dame âgée souhaitait faire un tour dans sa maison de campagne où elle ne se rendait plus. Avant de partir, son fils lui a dit : « Je vous confie ma maman ». Heureusement, il faisait un temps agréable, ils ont pu visiter sa propriété, vérifier que tout était en place. Son fils lui a dit qu'il était très satisfait.

〈単語リスト〉
voir du pays　各地を旅する　　compagnie　会社　　écologique　環境にやさしい
freinage　ブレーキをかけること　confier　託す　　vérifier　確かめる

(1) Philippe n'aime pas travailler dans un bureau toute la journée.
(2) Philippe voulait être chauffeur depuis longtemps parce qu'il déteste voir des gens.
(3) Philippe est entré dans cette compagnie de taxi il y a quatre mois.
(4) Philippe gagne la confiance des clients en conduisant bien dans les endroits difficiles.
(5) Récemment, Philippe a accompagné une dame âgée à sa maison de campagne où son fils l'attendait.
(6) Le beau temps a favorisé la visite de la propriété d'une dame âgée.

(1)	(2)	(3)	(4)	(5)	(6)

[5] Charles a 35 ans, il est ingénieur dans une usine. Il gagne bien sa vie mais il souhaite quitter son entreprise et il a toujours eu en tête la boulangerie. Il ne sait pas pouquoi, car il n'y a pas de personne dans la famille qui soit boulanger. Il avait 13 ou 14 ans quand son oncle lui a permis de passer une nuit dans la boulangerie d'un de ses amis, car déjà il était intéressé.

Aujourd'hui, il se pose beaucoup de questions. Est-ce que le métier lui plairait vraiment ? Quel est le salaire quand on est boulanger ? Combien coûte la création d'une boulangerie ? *etc.*

Mais il ne connaît pas de boulanger. Il a envie de demander à un boulanger chez qui il va de temps en temps. Il habite Rouen et il sait qu'il y a une école de boulangerie qui est bien cotée. Il s'est renseigné. Les CAP pour reconversion peuvent être fait en 5 mois. Ce n'est pas le plus gros problème. Son vrai problème est de savoir s'il a vraiment envie d'être boulanger. Avoir le courage de franchir le pas, tel est son problème.

〈単語リスト〉
se renseigner　問い合わせる　　　　CAP　職業適性証書　　　reconversion　転職
franchir le pas　決断する，一歩を踏みだす

(1) Charles, qui travaille comme ingénieur dans une usine, veut changer d'emploi.
(2) L'oncle de Charles travaillait dans la boulangerie d'un de ses amis.
(3) Charles est sûr qu'il réussira dans sa boulangerie.
(4) Charles a plusieurs questions à poser aux boulangers.
(5) Il n'y a pas d'école de boulangerie à Rouen.
(6) Charles a déjà décidé d'ouvrir une boulangerie.

(1)	(2)	(3)	(4)	(5)	(6)

6 Il y a deux ans, Corinne a dû faire un stage obligatoire de quatre semaines pendant l'été. Le but n'était pas de gagner en expérience professionnelle, mais de pousser les étudiants à occuper un poste « de base » pour mieux connaître les conditions de travail en travaillant comme « employé » et pas comme « dirigeant ».

Dès le mois de mars, elle a commencé à chercher son stage. Elle voulait profiter de cette expérience pour gagner de l'argent et à l'époque il n'y avait pas encore de loi obligeant à payer les stages. Comme elle avait sa première expérience en librairie grâce à un stage d'observation au collège, elle a postulé dans une grande librairie parisienne parce qu'elle avait vu sur le site internet qu'on recrutait des étudiants toute l'année comme vendeurs.

Son intuition a été bonne : les patrons cherchaient des vendeurs pour la fin de l'été, parce que c'est une période très intense pour les libraires avec la rentrée scolaire. C'est rare d'avoir une telle opportunité quand on fait un stage.

〈単語リスト〉
obligatoire 必修の	de base 基礎となる	dirigeant 幹部
observation 観察過程	postuler 志望する	intuition 勘
opportunité 好機		

(1) Quand Corinne était étudiante, elle a dû faire un stage en entreprise pendant quatre semaines.
(2) Les stagiaires ont dû travailler comme chefs pour mieux connaître les conditions de travail.
(3) Corinne voulait gagner de l'argent en travaillant comme stagiaire.
(4) Quand Corinne était collègienne, elle a déjà fait un stage en librairie.
(5) Corinne a obtenu un emploi dans une librairie parisienne qui recrutait des étudiants toute l'année comme vendeurs.
(6) Les librairies sont peu fréquentées à la fin des vacances.

(1)	(2)	(3)	(4)	(5)	(6)

筆記問題

会話文完成

7

　会話中の空欄に入る適切な語句を選択する問題です。5つの空欄に対し，それぞれ3つの選択肢の中から選択します。配点は10点です。

　多くの場合，疑問文，またはその答えとなる文が出題されます。全体の流れをつかんで選択肢を当てはめてみてください。空欄直前の文章だけから判断するのではなく，あとの文章もきちんと読みましょう。あとにヒントが隠されていることが多いのです。練習問題に取り組むなかで正解を導きだすコツをつかみましょう。

筆記問題

各設問の会話を読み，（ 1 ）〜（ 5 ）に入れるのにもっとも適切なものを，それぞれ下の ① 〜 ③ のなかから1つずつ選び，その番号を解答欄に記入してください。（配点 10）

1

Jeanne : Allô, Mathilde ?

Mathilde : Oui, bonjour.　C'est Jeanne ?

Jeanne : Oui, c'est moi.　Ça fait longtemps !　Comment vas-tu ?

Mathilde : (1).　Je suis morte de fatigue.　J'ai beaucoup travaillé ces derniers jours.

Jeanne : Eh bien, justement, je vais te proposer quelque chose qui va te faire du bien.

Mathilde : (2) ?

Jeanne : J'ai un oncle qui habite en Provence.　Je l'aime bien.　(3).　On y allait souvent quand j'étais petite.　J'adorais ça. Surtout m'occuper des chevaux.

Mathilde : Des chevaux ?　Tu veux que je passe le week-end à m'occuper des chevaux ?　Je vais me crever* !

Jeanne : Arrête !　(4).　Il a une grande exploitation agricole.　On pourra faire de grandes balades, respirer le bon air frais, (5).

Mathilde : Oui...

Jeanne : En tout cas, mon oncle José est d'accord.　Il est non seulement drôle, mais il est aussi passionné par son métier.

*se crever　疲れ果てる，へとへとになる

(1)　① Je ne vais pas bien

　　② Je vais à Marseille demain

　　③ Je vais très bien, merci

(2)　① Ça ne t'intéresse pas

　　② Qu'est-ce qu'on fait

　　③ Tu es sûre

(3)　① Il a une ferme

　　② Il est à la retraite

　　③ Il s'appelle José

(4)　① J'ai menti

　　② Je suis encore jeune

　　③ Je suis sérieuse

(5)　① faire du shopping

　　② manger des produits de la région

　　③ travailler à l'ordinateur

(1)	(2)	(3)	(4)	(5)

2

Aline : J'en ai marre... (1) !
Claude : Ma pauvre Aline... Mais c'était où ?
Aline : (2). Je suis certaine que je l'avais dans mon sac quand j'étais dans le bus. J'en suis sûre, parce que je me suis acheté un sandwich au jambon avant de prendre le métro.
Claude : (3) ?
Aline : Pas beaucoup. Je devais avoir au maximum cinquante euros. Mais j'avais aussi ma carte bleue*, ma carte d'étudiant et des photos que j'aimais bien.
Claude : Téléphone pour faire opposition** à ta carte bleue. Et ensuite va à la police.
Aline : Oui, je vais le faire (4). Après, je vais faire ma déclaration au commissariat de police. Au fait, il est où, le commissariat ?
Claude : (5). Mais d'abord téléphone pour l'opposition.

*carte bleue　クレジットカード
**faire opposition　支払い停止にする

(1) ① On m'a donné un cadeau
　　② On m'a traité d'enfant
　　③ On m'a volé mon portefeuille

(2) ① Dans le bus
　　② Dans le métro
　　③ Je ne sais pas

(3) ① Et de l'argent
　　② Et ton sandwich
　　③ Qu'est ce qui s'est passé

(4) ① dans une semaine
　　② plus tard
　　③ tout de suite

(5) ① Ça vaut la peine
　　② Cherche sur Internet
　　③ Laisse tomber

(1)	(2)	(3)	(4)	(5)

3

André : Ah, bonjour, ma petite Léna.　Ça va chez vous ?

Léna : Oui, merci.　Tout le monde va bien.　J'ai obtenu mon bac.

André : (1) !

Léna : Je vais m'inscrire à l'université.　J'ai l'intention de faire mes études de théâtre à Paris.

André : À Paris ?　(2) !　Mais pourquoi Paris ?　À votre place, j'irais à Aix-en-Provence, c'est plus près.　Et puis il y a de bons profs...

Léna : Oui, mais j'ai envie d'aller à Paris.

André : (3) là-bas.　Et puis, à Paris, les gens sont pires que vous ne le croyez...

Léna : Pour le théâtre classique, Paris, c'est mieux.　Et je pourrai sortir, voir des pièces de théâtre, rencontrer des gens.　Chaque jour, il y aura des événements !

André : Moi, je ne pourrais jamais vivre à Paris, ça non !　Les gens sont fous.　Ils courent tout le temps, (4).　Vous connaissez au moins quelqu'un là-bas ?

Léna : Non, je ne connais personne (5).　Dans les grandes villes, on est tranquille.　J'aime ça.

(1) ① À vos souhaits　　　　　　(2) ① Aucune idée
　　② Dommage　　　　　　　　　② Bonne idée
　　③ Félicitations　　　　　　　　③ Quelle idée

(3) ① Alors j'irai moi aussi　　　(4) ① c'est tout à fait normal
　　② J'aime bien　　　　　　　　　② ils ne peuvent pas se débrouiller
　　③ Mais la vie coûte chère　　　③ ils ne savent pas profiter de la vie

(5) ① alors je suis un peu inquiète
　　② donc j'ai peur d'y aller
　　③ mais ça ne fait rien

(1)	(2)	(3)	(4)	(5)

4

Jeanne : Connais-tu Vélib' ?

Anne : Oui, c'est une excellente invention ! C'est vraiment pratique, on peut en louer partout, pour pas cher... Et puis le vélo, ça fait (1) que la voiture, non ? Regarde les gens sur leur bicyclette : ils sont plus calmes, plus souriants. Pour la qualité de vie, (2).

Jeanne : Oui, ces vélos sont (3). C'est pas mal, mais moi, je préfère prendre le mien. Ça coûte moins cher. Et mon mari, lui, prend le sien pour aller travailler.

Anne : Cependant personnellement, je préfère la voiture. C'est (4).

Jeanne : Mais Vélib', (5) pour faire du sport dans la ville. Et on est plus libre que dans les transports en commun.

(1) ① moins de bruit et moins de pollution
    ② moins de bruit et plus de pollution
    ③ plus de bruit et moins de pollution

(2) ① c'est insignifiant
    ② c'est mieux
    ③ c'est pire

(3) ① en location
    ② en occasion
    ③ en vente

(4) ① moins dangereux et moins fatigant
    ② moins dangereux et plus fatigant
    ③ plus dangereux et moins fatigant

(5) ① c'est dangereux
    ② c'est difficile
    ③ c'est idéal

(1)	(2)	(3)	(4)	(5)

5

Louise : Tiens, regarde cette photo.　Devine où est (　1　).
Claire : C'est celui qui est assis dans le fauteuil ?
Louise : Non, ça c'est mon oncle.
Claire : Alors, c'est celui qui a les cheveux courts ?
Louise : Oui, c'est ça.　Il est mon cadet de quinze années.
Claire : Il est jeune.　On dirait (　2　) !
Louise : Maintenant, devine où est ma fille.
Claire : (　3　), c'est celle qui a des lunettes.
Louise : Exactement.　Comment tu la trouves ?
Claire : Elle (　4　), elle est mignonne.　C'est qui, la femme à ses côtés ?
Louise : C'est ma mère.
Claire : (　5　) !　Je croyais que c'était ta sœur !

(1) ① mon frère
　　② mon oncle
　　③ mon père
(2) ① ton fils
　　② ton frère
　　③ ton père
(3) ① C'est facile
　　② C'est impossible
　　③ C'est possible
(4) ① a l'air fatiguée
　　② ne te ressemble pas
　　③ te ressemble
(5) ① C'est évident
　　② C'est normal
　　③ C'est pas vrai

(1)	(2)	(3)	(4)	(5)

6

Roxane : Bienvenue Marie. Assieds-toi. Tu veux boire quelque chose ?
Marie : (1).
Roxane : Je t'apporte ça tout de suite.
Marie : C'est joli chez toi. J'aime bien la cuisine ouverte sur la grande pièce.
Roxane : Oui, (2). Quand je cuisine, j'aime bien entendre les conversations et la musique.
Marie : Je te comprends. À propos de cuisine, tu sais où Maurice m'a emmenée l'autre soir pour mon anniversaire ?
Roxane : Chez André ?
Marie : Non, au « Meurice ».
Roxane : Oh, là, là ! Mais c'est super chic ça !
Marie : Non seulement c'est délicieux, mais chaque plat est une œuvre d'art. (3).
Roxane : Comment s'appelle le chef ?
Marie : Christophe Saintagne. Il a obtenu trois étoiles au guide Michelin*. Sa cuisine est exceptionnelle !
Roxane : (4) aussi, j'imagine !
Marie : Ça, je n'ai pas regardé. Mais c'est bien de s'offrir une petite folie** de temps en temps, tu ne penses pas ?
Roxane : Bien sûr, (5).

*le guide Michelin　ミシュランレストランガイドブック
**une petite folie　多少の贅沢

(1) ① Je ne veux rien, merci
　　② Je veux bien, merci
　　③ Juste un grand verre d'eau, s'il te plaît

(2) ① je cuisine rarement
　　② je déteste les cuisines fermées
　　③ je n'aime pas faire la cuisine

(3) ① Ça n'a rien à voir
　　② C'est beau à voir
　　③ C'est uniquement à voir

(4) ① L'addition
　　② L'hospitalité
　　③ La salle

(5) ① Ça décourage un peu
　　② Ça donne des remords
　　③ Ça fait des souvenirs

(1)	(2)	(3)	(4)	(5)

書き取り問題

　35〜40語程度のフランス語文を書き取る問題です。3級の書き取り問題は「部分書き取り」でしたが，準2級からは「全文書き取り」になります。配点は12点です。
　書き取りは，聞こえてきたフランス語を書き取ればすむというものではありません。動詞の活用，過去分詞と形容詞の性・数一致，発音されない語末子音字や複数のsなどを正確に書くにはリエゾンやアンシェヌマンなどをふくめた発音のルールはもとより，正しい文法知識も必要になります。書き取り練習のあと解答をみて訂正するとき，まちがいの理由を明確に把握しておくと同時に，知らない単語や綴りをまちがった単語は逐一覚えていくようにしましょう。

　聞き取り試験の問題冊子には，次のような注意事項が書かれています。必要な部分だけ抜粋しておきます。

書き取り・聞き取り試験注意事項

1　途中退出はいっさい認めません。
2　書き取り・聞き取り試験は，CD・テープでおこないます。
3　解答用紙の所定欄に，**受験番号**と**氏名**が印刷されていますから，間違いがないか，**確認**してください。
4　CD・テープの指示に従い，中を開いて，日本語の説明をよく読んでください。フランス語で書かれた部分にも目を通しておいてください。
5　解答はすべて別紙の書き取り・聞き取り試験解答用紙の解答欄に，**HBまたはBの黒鉛筆**（シャープペンシルも可）で記入またはマークしてください。
6　問題内容に関する質問はいっさい受けつけません。
7　**携帯電話等の電子機器の電源は必ず切って，かばん等にしまってください。**
8　**時計のアラームは使用しないでください。**
　（この「注意事項」は書き取り・聞き取り試験に共通するものです。本章の 1 〜 6 では，この部分を省略します）

書き取り問題

　各設問の文章を，次の要領で4回読みます。全文を書き取ってください。
- 1回目，2回目は，ふつうの速さで全文を読みます。内容をよく理解するようにしてください。
- 3回目は，ポーズをおきますから，その間に書き取ってください（句読点も読みます）。
- 最後に，もう1回ふつうの速さで全文を読みます。
- 読み終わってから2分後に，聞き取り試験に移ります。
- 数を書く場合は，算用数字で書いてかまいません。（配点　12）

　　＊この「注意事項」は書き取り試験に共通するものです。本章の①〜⑥では，この部分を省略します。
　　なお，3回目には，句読記号の指示がフランス語で読まれますから，これを覚えておく必要があります。
　　準2級では次の句読記号を覚えておきましょう。

　　　.　point（ポワン）
　　　,　virgule（ヴィルギュル）
　　　?　point d'interrogation（ポワン・ダンテロガスィヨン）
　　　!　point d'exclamation（ポワン・デクスクラマスィヨン）

① 001, 002, 003, 004

2 005, 006, 007, 008

3 009, 010, 011, 012

4 013, 014, 015, 016

書き取り問題

5 017, 018, 019, 020

6 021, 022, 023, 024

聞き取り問題

1 会話文

　聞き取り問題は「会話文」と「長文」の2つのパートがあります。

　「会話文」では，会話文を聞いたあとで，会話文の内容についての5～6つの質問文が読まれます。解答用紙には質問に対する答えの文が記載されていて，8箇所が空欄になっています。その空欄に入る適切な語（1語）を記入する記述式問題です。配点は8点です。

　記入しなければならない語はおもに会話文中で使われている語です。5～6つの質問は会話の進行にそっていますから，解答用紙をよく読んで空欄に入る語が会話のどこで出てくるのか注意しておくようにしましょう。そう考えると，「書き取り問題」の一種ともいえます。

　聞き取り試験の問題冊子には，次のような注意事項が書かれています。必要な部分だけ抜粋しておきます。

書き取り・聞き取り試験注意事項

1　途中退出はいっさい認めません。
2　書き取り・聞き取り試験は，CD・テープでおこないます。
3　解答用紙の所定欄に，**受験番号**と**氏名**が印刷されていますから，間違いがないか，**確認**してください。
4　CD・テープの指示に従い，中を開いて，日本語の説明をよく読んでください。フランス語で書かれた部分にも目を通しておいてください。
5　解答はすべて別紙の書き取り・聞き取り試験解答用紙の解答欄に，**HBまたはBの黒鉛筆**（シャープペンシルも可）で記入またはマークしてください。
6　問題内容に関する質問はいっさい受けつけません。
7　**携帯電話等の電子機器の電源は必ず切って，かばん等にしまってください。**
8　**時計のアラームは使用しないでください。**
　（この「注意事項」は書き取り・聞き取り試験に共通するものです。本章の①～⑥では，この部分を省略します）

聞き取り問題

1

- まず，Jeanと医者の会話を聞いてください。 025
- つづいて，それについての5つの質問を読みます。 026
- もう1回，会話を聞いてください。 027
- もう1回，5つの質問を読みます。1問ごとにポーズをおきますから，その間に，答えを解答用紙の解答欄にフランス語で書いてください。 028
- それぞれの（　　　）内に1語入ります。
- 答えを書く時間は，1問につき10秒です。
- 最後に，もう1回会話を聞いてください。 029
- 数を記入する場合は，算用数字で書いてください。
  （メモは自由にとってかまいません）（配点　8）

(1) Il est vraiment très (　　　　) depuis plusieurs (　　　　).
(2) Parce qu'il (　　　　) beaucoup à l'(　　　　).
(3) Non, mais il a l'(　　　　) d'en faire.
(4) Non, ça fait (　　　　) ans à peu près qu'il n'a pas pris de vacances.
(5) Elle lui (　　　　) de prendre des vacances, de faire du sport, et de limiter sa (　　　　) de cigarettes.

解答番号	解　答　欄
(1)	
(2)	
(3)	
(4)	
(5)	

2

- まず，ThomasとClaireの会話を聞いてください。 🔊 030
- つづいて，それについての6つの質問を読みます。 🔊 031
- もう1回，会話を聞いてください。 🔊 032
- もう1回，6つの質問を読みます。1問ごとにポーズをおきますから，その間に，答えを解答用紙の解答欄にフランス語で書いてください。 🔊 033
- それぞれの（　　）内に1語入ります。
- 答えを書く時間は，1問につき10秒です。
- 最後に，もう1回会話を聞いてください。 🔊 034
- 数を記入する場合は，算用数字で書いてください。
  （メモは自由にとってかまいません）（配点　8）

(1) Non, elle n'a rien de bien (　　　　　).
(2) Oui, il les a visités avec ses (　　　　　).
(3) Pas très bien, il n'est pas (　　　　　) de quand.
(4) Parce qu'elle a envie de (　　　　　) la ville et de (　　　　　) un week-end au bord de la Loire.
(5) Il a l'(　　　　　) d'être déjà allé à Chambord mais il ne (　　　　　) pas avoir vu Chenonceau.
(6) Oui, il en a acheté un l'année (　　　　　).

解答番号	解　答　欄
(1)	
(2)	
(3)	
(4)	
(5)	
(6)	

3

- まず，Madame Bilierと不動産業者(agent)の会話を聞いてください。 035
- つづいて，それについての6つの質問を読みます。 036
- もう1回，会話を聞いてください。 037
- もう1回，6つの質問を読みます。1問ごとにポーズをおきますから，その間に，答えを解答用紙の解答欄にフランス語で書いてください。 038
- それぞれの（　　）内に1語入ります。
- 答えを書く時間は，1問につき10秒です。
- 最後に，もう1回会話を聞いてください。 039
- 数を記入する場合は，算用数字で書いてください。
  （メモは自由にとってかまいません）（配点　8）

(1) Elle est à l'(　　　　) du (　　　　).
(2) Elle est grande et (　　　　).
(3) Elle a été construite en (　　　　) par un (　　　　) de la région.
(4) En (　　　　).
(5) Personne ne l'habite.　Elle est à (　　　　).
(6) Il a été complètement (　　　　).

解答番号	解　答　欄
(1)	
(2)	
(3)	
(4)	
(5)	
(6)	

4

- まず，LouiseとLucの会話を聞いてください。 040
- つづいて，それについての6つの質問を読みます。 041
- もう1回，会話を聞いてください。 042
- もう1回，6つの質問を読みます。1問ごとにポーズをおきますから，その間に，答えを解答用紙の解答欄にフランス語で書いてください。 043
- それぞれの（　）内に1語入ります。
- 答えを書く時間は，1問につき10秒です。
- 最後に，もう1回会話を聞いてください。 044
- 数を記入する場合は，算用数字で書いてください。
  （メモは自由にとってかまいません）（配点　8）

(1) Il n'aura pas de (　　　　) cette année.
(2) Les revenus de ses parents sont trop (　　　　).
(3) Oui, il va (　　　　) son petit boulot au restaurant le (　　　　).
(4) Oui, mais c'est (　　　　) de se lever pour aller aux cours.
(5) Il a (　　　　) sa chambre (　　　　) du Parc Montsouris.
(6) Non, (　　　　) il a un petit loyer.

解答番号	解　答　欄
(1)	
(2)	
(3)	
(4)	
(5)	
(6)	

5

- まず，GrégoireとLaureの会話を聞いてください。 045
- つづいて，それについての6つの質問を読みます。 046
- もう1回，会話を聞いてください。 047
- もう1回，6つの質問を読みます。1問ごとにポーズをおきますから，その間に，答えを解答用紙の解答欄にフランス語で書いてください。 048
- それぞれの（　）内に1語入ります。
- 答えを書く時間は，1問につき10秒です。
- 最後に，もう1回会話を聞いてください。 049
- 数を記入する場合は，算用数字で書いてください。

（メモは自由にとってかまいません）（配点　8）

(1) Elle a l'accent du (　　　　).
(2) Jusqu'à (　　　　) ans.
(3) Il lui manque le (　　　　) et l' (　　　　) méditerranéens.
(4) Oui, à Nice, c'est le (　　　　).
(5) Nice est la (　　　　) ville après Paris.
(6) Parce qu'il y a des choses qui lui manquent : la cuisine à l' (　　　　) d'olive, les (　　　　) de la mer.

解答番号	解　答　欄
(1)	
(2)	
(3)	
(4)	
(5)	
(6)	

6

- まず，Michèle と Frédéric の会話を聞いてください。 050
- つづいて，それについての6つの質問を読みます。 051
- もう1回，会話を聞いてください。 052
- もう1回，6つの質問を読みます。1問ごとにポーズをおきますから，その間に，答えを解答用紙の解答欄にフランス語で書いてください。 053
- それぞれの（　）内に1語入ります。
- 答えを書く時間は，1問につき10秒です。
- 最後に，もう1回会話を聞いてください。 054
- 数を記入する場合は，算用数字で書いてください。
  （メモは自由にとってかまいません）（配点　8）

(1) Elle a un rendez-vous dans une (　　　　) pour un nouveau travail.
(2) Une jupe rouge ou (　　　　).
(3) Parce qu'elle sera mieux (　　　　) à la (　　　　).
(4) Il l'a trouvée dans la nouvelle (　　　　) qui est sur la place de l'(　　　　).
(5) Elle veut porter son chemisier à (　　　　).
(6) Il vaudrait mieux qu'elle (　　　　) un simple haut blanc.

解答番号	解　答　欄
(1)	
(2)	
(3)	
(4)	
(5)	
(6)	

聞き取り問題 2

長文

　15行前後の長文を聞いたあと，その内容について述べた10個のフランス語文を聞いて，長文の内容に一致するかどうかを判断する問題です。選択式問題で，配点は10点です。

　形式として，筆記試験の「長文読解」の聞き取り版といえます。長文もその内容について述べた文もすべて耳で聞いて正誤の判断をしなければなりません。出題される長文はおもに1人称で語られる体験談です。内容に関する文は，読まれる長文の進行に対応していますから，(1)〜(10)の文が長文のどこを問題にしているのかに注意しながら聞くようにしましょう。

聞き取り試験の問題冊子には，次のような注意事項が書かれています。必要な部分だけ抜粋しておきます。

書き取り・聞き取り試験注意事項

1　途中退出はいっさい認めません。
2　書き取り・聞き取り試験は，CD・テープでおこないます。
3　解答用紙の所定欄に，**受験番号**と**氏名**が印刷されていますから，間違いがないか，**確認**してください。
4　CD・テープの指示に従い，中を開いて，日本語の説明をよく読んでください。フランス語で書かれた部分にも目を通しておいてください。
5　解答はすべて別紙の書き取り・聞き取り試験解答用紙の解答欄に，**HBまたはBの黒鉛筆**（シャープペンシルも可）で記入またはマークしてください。
6　問題内容に関する質問はいっさい受けつけません。
7　**携帯電話等の電子機器の電源は必ず切って，かばん等にしまってください。**
8　**時計のアラームは使用しないでください。**

　（この「注意事項」は書き取り・聞き取り試験に共通するものです。本章の①〜⑥では，この部分を省略します）

聞き取り問題

1. ・まず，Renéeが書いた手紙の文章を2回聞いてください。　055
   ・次に，その内容について述べた文 (1) ～ (10) を2回通して読みます。それぞれの文がRenéeの手紙の文章の内容に一致する場合は①を，一致しない場合は②を解答欄に記入してください。　056
   ・最後に，もう1回Renéeの手紙の文章を聞いてください。　057
   （メモは自由にとってかまいません）（配点　10）

(1)	(2)	(3)	(4)	(5)	(6)	(7)	(8)	(9)	(10)

2 ・まず，長期旅行に出発する Vence 氏の話を2回聞いてください。 058
　・次に，その内容について述べた文 (1) 〜 (10) を2回通して読みます。それぞれの文が話の内容に一致する場合は①を，一致しない場合は②を解答欄に記入してください。 059
　・最後に，もう1回 Vence 氏の話を聞いてください。 060
　（メモは自由にとってかまいません）（配点　10）

(1)	(2)	(3)	(4)	(5)	(6)	(7)	(8)	(9)	(10)

3 ・まず，母の日に関するCarolineの話を2回聞いてください。 061
　・次に，その内容について述べた文(1)～(10)を2回通して読みます。それぞれの文が話の内容に一致する場合は①を，一致しない場合は②を解答欄に記入してください。 062
　・最後に，もう1回Carolineの話を聞いてください。 063
　（メモは自由にとってかまいません）（配点　10）

(1)	(2)	(3)	(4)	(5)	(6)	(7)	(8)	(9)	(10)

4 ・まず，ギタリストであるJérômeの話を2回聞いてください。 064
　・次に，その内容について述べた文 (1) 〜 (10) を2回通して読みます。それぞれの文が話の内容に一致する場合は①を，一致しない場合は②を解答欄に記入してください。 065
　・最後に，もう1回Jérômeの話を聞いてください。 066
　　（メモは自由にとってかまいません）（配点　10）

(1)	(2)	(3)	(4)	(5)	(6)	(7)	(8)	(9)	(10)

聞き取り問題

5
- まず，壁の塗り替えに関するJudithの話を2回聞いてください。 067
- 次に，その内容について述べた文(1)〜(10)を2回通して読みます。それぞれの文が話の内容に一致する場合は①を，一致しない場合は②を解答欄に記入してください。 068
- 最後に，もう1回Judithの話を聞いてください。 069

（メモは自由にとってかまいません）（配点　10）

(1)	(2)	(3)	(4)	(5)	(6)	(7)	(8)	(9)	(10)

6 ・まず，ある町のローカルニュースを2回聞いてください。 070
  ・次に，その内容について述べた文 (1) ～ (10) を2回通して読みます。それぞれの文がニュースの内容に一致する場合は①を，一致しない場合は②を解答欄に記入してください。 071
  ・最後に，もう1回ニュースを聞いてください。 072
  （メモは自由にとってかまいません）（配点 10）

(1)	(2)	(3)	(4)	(5)	(6)	(7)	(8)	(9)	(10)

2次試験
（面接試験）

　3級までは筆記試験だけですが，準2級からは筆記試験に合格すると，口頭による2次試験があります。1次試験（筆記）の結果通知は，春季は7月上旬，秋季は12月中旬で，2次試験は春季は7月中旬，秋季は1月下旬に行われます。最終合格は1次試験と2次試験の合計点ではなく，2次試験の結果だけで決まります。

　試験内容は，問題カードに書かれた文章を音読することと，カードに描かれたイラストについての簡単なフランス語の質問にフランス語で答えることです。発音（リエゾン，エリズィオン，アンシェヌマン，イントネーション，リズム）に注意しながら読みましょう。

　試験時間はおよそ5分です。

　本書の音声では音読見本，質問，解答見本を収録しています。

　それでは詳しく見ていきながら，傾向を身につけましょう。

受験者心得

注意事項

1. 試験は，一人の試験委員と一人の受験者との対話形式による口頭試験です。
2. 試験室入室時に，Bonjourなど挨拶することは差し支えありませんが，握手は不要です。
3. 試験室入室後はメモをとったり，辞書を使用することはできません。
4. 受験者確認と試験の説明は日本語で行います。これらは採点の対象にはなりません。
5. 試験が終了して試験室から退出したら，控え室に戻ったり，待機中の他の受験者と話したりしないでください。
6. 試験を録音することはできません。

試験の進行

1. **待　機**：係員の指示にしたがって，控え室から試験室前の待機席へ移動してください。（控え室へ戻ることはできませんので，荷物等を持って移動してください。）
2. **入　室**：係員の指示にしたがって，速やかに試験室にお入りください。（ノックをして応答を待つ必要はありません。）
3. **着　席**：試験委員の日本語の指示にしたがい，着席してください。
4. **本人確認**：試験委員が日本語であなたの受験級と氏名を確認しますから，日本語で答えてください。
5. **試　験**：試験は以下の順に進行します。
   (1) 試験委員が受験者に問題カード（フランス語の文章とイラストが印刷されたカード1枚）を手渡します。
   (2) カードに印刷されたフランス語の文章を黙読して，イラストに目を通しておいてください。時間は1分間です。
   (3) 試験委員の指示にしたがい，カードに印刷されたフランス語の文章を音読してください。
   (4) 音読終了後，フランス語の質問（Question）を5つします。フランス語で答えてください。質問開始以降会話はすべてフランス語で行われます。試験終了まで日本語は使用できません。

   ＊Question 1とQuestion 2は音読したフランス語の文章に関するものです。（問題カードを見ても構いません。）

　　　　　　＊Question 3，Question 4，Question 5はイラストについてのものです。問題カードの
　　　　　　　イラストを見て答えてください。
　　　　　＊各Questionは2度繰り返します。答える時間は，ひとつのQuestionにつき10秒ずつです。

6. **試験終了・退出** ： 試験委員が「これで試験を終わります。退室して結構です。」といったら，問題カードを試験委員に返して，自分の持ち物を持って速やかに退出してください。

7. **配　点** ： 文章の音読が10点，5問の各質問が4点で計20点です。音読と5問の質問を合わせて，30点満点になります。

1 音読見本 073　Question 074　Question & 解答例 075

　Simon a un petit frère qui s'appelle Nicolas.　Simon et Nicolas aiment beaucoup pêcher.　Le week-end, ils vont à la plage près de chez eux à vélo.　Ils y arrivent très tôt le matin et restent jusqu'au soir.

2 音読見本 076   Question 077   Question & 解答例 078

　Nous sommes au printemps.　C'est le troisième dimanche du mois de mai. Brigitte regarde par la fenêtre : il fait beau, le soleil brille, il n'y a pas de vent. Les arbres ont des feuilles vertes et des fleurs roses ou blanches.

3 音読見本 079　Question 080　Question & 解答例 081

　À Paris, il y a des marchés de quartier, même le dimanche matin.　Les produits y sont moins chers que dans les supermarchés.　Les marchés peuvent occuper toute la longueur de la rue.　Les cris des marchands sont parfois forts.

4 音読見本 082   Question 083   Question & 解答例 084

En été, les Français aiment de plus en plus aller en vacances à l'étranger, de préférence en Europe. Cependant ils préfèrent encore voyager en France. Chaque été, sur les autoroutes, on voit beaucoup de voitures qui roulent vers la mer ou vers la montagne.

5 音読見本 🔊 085　　Question 🔊 086　　Question & 解答例 🔊 087

　Au Japon, beaucoup de fêtes ont lieu en été.　À cette période de l'année, les gens prennent des vacances pour retourner dans leur ville natale et voir leur famille ou pour partir en voyage.　Tous les trains sont complets.　Il y a d'énormes embouteillages sur l'autoroute.

6 音読見本 088   Question 089   Question & 解答例 090

La fleur de cerisier est une fleur que les Japonais aiment beaucoup. De fin mars à fin avril, tout le monde attend l'éclosion des premières fleurs de cerisier qui annoncent l'arrivée du printemps. À cette occasion, on se rassemble sous les cerisiers en fleurs pour faire la fête entre amis.

2次試験

実用フランス語技能検定模擬試験
筆記試験問題冊子〈準2級〉

問題冊子は試験開始の合図があるまで開いてはいけません。

筆記試験	15時15分～16時30分（休憩20分）
書き取り・聞き取り試験	16時50分から約25分間

◇ **筆記試験と書き取り・聞き取り試験の双方を受験しないと欠席になります。**
◇ 問題冊子は表紙を含め11ページ，全部で7問題です。

注意事項

1. 途中退出はいっさい認めません。
2. 筆記用具はHBまたはBの黒鉛筆（シャープペンシルも可）を用いてください。
3. 解答用紙の所定欄に，受験番号と氏名が印刷されていますから，間違いがないか，確認してください。
4. **マーク式の解答は，解答用紙の解答欄にマークしてください。** 例えば，1の(1)に対して③と解答する場合は，次の例のように解答欄の③にマークしてください。

例 1	解答番号	解答欄
	(1)	① ② ● ④ ⑤ ⑥

5. 記述式の解答の場合，正しく判読できない文字で書かれたものは採点の対象となりません。
6. 解答に関係のないことを書いた答案は無効にすることがあります。
7. 解答用紙を折り曲げたり，破ったり，汚したりしないように注意してください。
8. 問題内容に関する質問はいっさい受けつけません。
9. 不正行為者はただちに退場，それ以降および来季以後の受験資格を失うことになります。
10. **携帯電話等の電子機器の電源は必ず切って，かばん等にしまってください。**
11. **時計のアラームは使用しないでください。**
12. この試験問題の複製（コピー）を禁じます。また，この試験問題の一部または全部を許可なく他に伝えたり，漏えいしたりすることを禁じます（インターネットや携帯サイト等に掲載することも含みます）。

1 次の(1)〜(4)の(　　)内に入れるのにもっとも適切なものを，下の①〜⑥のなかから1つずつ選び，解答欄のその番号にマークしてください。ただし，同じものを複数回用いることはできません。(配点　8)

(1) Commence tes devoirs (　　) maintenant.

(2) J'ai regardé ce match de tennis (　　) la télévision.

(3) Je me souviens bien (　　) ce jour-là.

(4) Les cerisiers sont (　　) fleurs au bord du lac.

① à　　　　　② de　　　　③ dès
④ dans　　　⑤ en　　　　⑥ sauf

2 次のフランス語の文(1)～(5)が，それぞれあたえられた日本語の文が表わす意味になるように，( )内に入れるのにもっとも適切な語（各1語）を，**示されている最初の文字とともに**，解答欄に書いてください。(配点 10)

(1) L'(a   ), s'il vous plaît.
お勘定をお願いします。

(2) C'est pas (p   ) !
まさか！

(3) Ça (a   ).
そういうこともあるよ。

(4) Ce n'est pas la (p   ).
それには及びません。

(5) Ce n'est pas ma (f   ).
ぼくのせいじゃない。

3 次の(1)〜(5)について，**A**，**B**がほぼ同じ意味になるように，(　)内に入れるのにもっとも適切なものを，下の語群から1つずつ選び，必要な形にして解答欄に書いてください。ただし，同じものを複数回用いることはできません。(配点　10)

(1) **A**　Corinne faisait faire un tour à son chien tous les matins.
　　B　Corinne (　　　) son chien tous les matins.

(2) **A**　Frédéric a regardé un film pendant trois heures.
　　B　Frédéric (　　　) trois heures à regarder un film.

(3) **A**　Il n'a pas accepté mon projet.
　　B　Il (　　　) mon projet.

(4) **A**　Le secrétaire lui fera un rapport sur la situation économique.
　　B　Le secrétaire lui (　　　) compte de la situation économique.

(5) **A**　Qu'est-ce que tu as ?
　　B　Tu n'(　　　) pas en forme ?

　　être　　　　passer　　　　promener　　　　refuser
　　rendre　　　savoir　　　　venir

4 次の対話(1)〜(5)の (　) 内に入れるのにもっとも適切なものを，下の①〜⑦のなかから1つずつ選び，解答欄のその番号にマークしてください。ただし，同じものを複数回用いることはできません。なお，①〜⑦では，文頭にくるものも小文字にしてあります。(配点 10)

(1) — Pourriez-vous jouer de la guitare pour nous ?
　　— Désolé, mais je n'(　　) joue plus.

(2) — Répondez à ma question, s'il vous plaît.
　　— Oui, mais je ne comprends pas (　　) que vous voulez savoir.

(3) — Tu connais cet écrivain ?
　　— Oui, j'ai lu (　　) de ses romans.

(4) — Tu sais que Paul a divorcé ?
　　— Oui, tout le monde (　　) sait. Ce n'est un secret pour personne.

(5) — Vous avez interrogé tous vos voisins ?
　　— Oui, mais (　　) n'a su me répondre.

① aucun　　② ce　　③ en　　④ laquelle
⑤ le　　⑥ plusieurs　　⑦ rien

5 次の文章を読み，(1)〜(5)に入れるのにもっとも適切なものを，それぞれ右のページの①〜③のなかから1つずつ選び，解答欄のその番号にマークしてください。(配点 10)

Un fait divers est un événement inattendu et souvent tragique, qui frappe des personnes ordinaires.　(1) les accidents, les crimes, les disparitions*, les cambriolages, les catastrophes… sont des « faits divers ».　Ces événements sont malheureusement banals : ils se produisent tous les jours, partout.　Ils devraient donc (2).　Pourtant, ils font souvent les gros titres dans les médias.　Il faut dire que le public s'intéresse beaucoup à ces informations sensationnelles, parce que les gens sont attirés par le malheur des autres, et ça les rassure de ne pas être concernés**.

Mais il n'y a pas que ça.　Certains faits divers donnent une indication*** sur la société.　Ils agissent comme un radar**** indiquant (3) se comporte la population.

Les vols de téléphones portables, par exemple, montrent à quel point les nouvelles technologies excitent des convoitises*****.　(4), la tempête Xynthia avait fait 47 morts dans l'ouest de la France.　Ce n'était pas qu'une catastrophe naturelle.　Des erreurs humaines étaient à l'origine du drame.　Dans ces cas-là, les faits divers deviennent des faits de société car ils (5).

*　disparition : 失踪
**　concerné : 関係する
***　indication : 指標
****　radar : レーダー
*****　convoitises : よこしまな所有欲

(1) ① Ainsi
　　② Alors
　　③ En plus

(2) ① avoir pas mal d'importance
　　② avoir peu d'importance
　　③ être très importants

(3) ① comment
　　② où
　　③ quand

(4) ① Moins dramatique
　　② Plus facile
　　③ Plus grave

(5) ① concernent tout le monde
　　② ne concernent personne
　　③ ne concernent rien

6 次の文章を読み，右のページの（ 1 ）～（ 6 ）について，文章の内容に一致する場合は解答欄の①に，一致しない場合は②にマークしてください。（配点 12）

Ravi habite dans l'ouest du Cambodge.　Elle avait huit ans quand l'accident est arrivé.　Ses parents culitivaient leurs champs.　Elle les observait quelques mètres plus loin.　C'est alors qu'elle a entendu un grand bruit.　Ensuite, elle ne se souvient plus de rien.　Son père est mort sur le coup.　Elle s'est réveillée à l'hôpital où l'on lui a expliqué qu'il avait fallu lui couper la jambe.　Elle est restée plusieurs mois à l'hôpital.　C'était long et douloureux.　Quand elle est sortie, elle ne pouvait plus marcher.　Plus tard, on a conseillé à sa mère de l'emmener au centre de réadaptation* géré par Handicap International à une heure et demie de son village.

L'association lui a fabriqué une jambe artificielle sur mesure**.　Elle a suivi des séances de rééducation pour réapprendre*** à marcher.

Maintenant, elle retourne trois fois par an au centre pour être suivie et pour changer sa jambe artificielle.　Comme elle grandit vite, elle en a déjà reçu six !　Petit à petit, elle a retrouvé une vie normale.　Avec sa jambe artificielle, elle peut se rendre à l'école tous les jours et participer aux mêmes activités que ses copains.　C'est important pour elle de suivre les cours, car elle aimerait un jour devenir infirmière ou médecin pour soigner les autres.

* réadaptation：リハビリ
** sur mesure：寸法を合わせた
*** réapprendre：学び直す

(1) Quand l'accident est arrivé, Ravi aidait ses parents dans les travaux des champs.

(2) Après avoir entendu un grand bruit, Ravi a eu le temps de comprendre que la mine venait d'exploser.

(3) Quand Ravi s'est réveillée à l'hôpital, elle avait perdu une jambe.

(4) La réadaptation de Ravi a demandé plusieurs heures.

(5) Ravi a renouvelé sa jambe artificielle cinq fois.

(6) Maintenant, Ravi soigne des malades comme infirmière.

[7]　次の会話を読み，(1)〜(5)に入れるのにもっとも適切なものを，それぞれ①〜③のなかから1つずつ選び，解答欄のその番号にマークしてください。（配点 10）

Mme Martin ： Bonjour, madame.　Comment allez-vous ?
Mme Lafon ： Je vais bien, merci.　Et vous, ça va mieux ?
Mme Martin ： Oui, je vais mieux.　Mais mon fils Léonard ne va pas très bien ces jours-ci.
Mme Lafont ： Ah, bon ?　(1) ?
Mme Martin ： Il travaillait dans une entreprise qui ne va pas très bien depuis quelques années, et puis ils l'ont licencié...
Mme Lafont ： (2) !
Mme Martin ： Ben, si, malheureusement.　Et en plus, il a eu un accident de voiture il y a une semaine.　Il s'est cassé la jambe...
Mme Lafont ： Oh là, là, le pauvre Léonard...　(3) !　Et votre fille Claudine, elle va bien ?
Mme Martin ： Ne parlez pas de celle-là !　Elle a décidé d'arrêter ses études pour se lancer dans la mode !　Elle a envie de devenir mannequin*.　Ah, les jeunes, (4).
Mme Lafont ： Ben, oui, je suis d'accord avec vous, mais (5).

*mannequin：ファッションモデル

(1) ① Comment ça s'est passé
    ② Il est malade
    ③ Qu'est-ce qu'il lui arrive

(2) ① C'est pas vrai
    ② C'est possible
    ③ C'est vrai

(3) ① Il a de la chance
    ② Il n'a pas de chance
    ③ Tant pis

(4) ① ce n'est pas toujours facile
    ② ce n'est toujours pas difficile
    ③ c'est compréhensible

(5) ① c'est la vie
    ② on n'est pas jeune
    ③ tant mieux

実用フランス語技能検定模擬試験
聞き取り試験問題冊子 〈準2級〉

> 書き取り・聞き取り試験時間は，
> 16時50分から約25分間

　　先に書き取り試験をおこないます。解答用紙表面の書き取り試験注意事項をよく読んでください。書き取り試験解答欄は裏面にあります。
　　この冊子は指示があるまで開かないでください。

◇筆記試験と書き取り・聞き取り試験の双方を受験しないと欠席になります。
◇問題冊子は表紙を含め3ページ，全部で2問題です。

書き取り・聞き取り試験注意事項

1　途中退出はいっさい認めません。
2　書き取り・聞き取り試験は，CD・テープでおこないます。
3　解答用紙の所定欄に，**受験番号**と**氏名**が印刷されていますから，間違いがないか，**確認**してください。
4　CD・テープの指示に従い，中を開いて，日本語の説明をよく読んでください。フランス語で書かれた部分にも目を通しておいてください。
5　解答はすべて別紙の書き取り・聞き取り試験解答用紙の解答欄に，**HBまたはBの黒鉛筆**（シャープペンシルも可）で記入またはマークしてください。
6　問題内容に関する質問はいっさい受けつけません。
7　**携帯電話等の電子機器の電源は必ず切って，かばん等にしまってください。**
8　**時計のアラームは使用しないでください。**
9　この試験問題の複製（コピー）を禁じます。また，この試験問題の一部または全部を許可なく他に伝えたり，漏えいしたりすることを禁じます（インターネットや携帯サイト等に掲載することも含みます）。

書き取り・聞き取り試験

書き取り試験
注意事項
フランス語の文章を，次の要領で4回読みます。全文を書き取ってください。 091
- 1回目，2回目は，ふつうの速さで全文を読みます。内容をよく理解するようにしてください。
- 3回目は，ポーズをおきますから，その間に書き取ってください（句読点も読みます）。
- 最後に，もう1回ふつうの速さで全文を読みます。
- 読み終わってから2分後に，聞き取り試験に移ります。
- 数を書く場合は，算用数字で書いてかまいません。（配点　12）

聞き取り試験
1 092
- まず，Françoisと従業員 (employée) の会話を聞いてください。
- つづいて，それについての5つの質問を読みます。
- もう1回，会話を聞いてください。
- もう1回，5つの質問を読みます。1問ごとにポーズをおきますから，その間に，答えを解答用紙の解答欄にフランス語で書いてください。
- それぞれの（　　　）内に1語入ります。
- 答えを書く時間は，1問につき10秒です。
- 最後に，もう1回会話を聞いてください。
- 数を記入する場合は，算用数字で書いてください。
  （メモは自由にとってかまいません）（配点　8）

(1) Il veut assisiter au (　　　　) concert de sa (　　　　).

(2) Non, tout était (　　　　) depuis plus de trois (　　　　).

(3) Oui, il restait (　　　　) places pour le (　　　　) novembre.

(4) Ça fait (　　　　) euros pour les deux places.

(5) Il a payé par (　　　　).

2 ◎093
- まず，パリに引っ越した Louise の話を 2 回聞いてください。
- 次に，その内容について述べた文 (1) ～ (10) を 2 回通して読みます。それぞれの文が話の内容に一致する場合は解答欄の①に，一致しない場合は②にマークしてください。
- 最後に，もう 1 回 Louise の話を聞いてください。
  （メモは自由にとってかまいません）（配点　10）

実用フランス語技能検定模擬試験　準2級2次試験
問題カード A

　La mairie de Paris a créé « Paris Plages » parce que tous les Parisiens ne partent pas en vacances.　Pendant un mois, les quais de la Seine sont interdits à la circulation automobile et transformés en plage de sable avec des chaises longues et des parasols.

音読見本 094　　Question 095　　Question & 解答例 096

> 実用フランス語技能検定模擬試験　準2級2次試験
> 問題カードB

　Le 3 mars, au Japon, c'est la fête des petites filles.　Elles invitent leurs amies à venir regarder leurs poupées, leur offrent du thé et des gâteaux.　Certaines filles portent un joli kimono et reçoivent des cadeaux.　La fête des petits garçons arrive plus tard, le 5 mai.　À cette occasion, on fait voler des carpes en papier.

音読見本 097　　Question 098　　Question & 解答例 099

実用フランス語技能検定模擬試験（準2級）筆記試験 解答用紙

実用フランス語技能検定模擬試験（準2級） 書き取り試験　解答用紙
聞き取り試験

会　場　名

氏　　名

会場コード

受験番号

記入およびマークについての注意事項
1. 解答には必ずHBまたはBの黒鉛筆（シャープペンシル可）を使用してください。
2. 記入欄は太線の枠内に、マークは○の中を正確に塗りつぶしてください（下記マーク例参照）。
3. 訂正の場合は、プラスチック製消しゴムできれいに消してください。
4. 採点欄は塗りつぶさないでください。
5. 解答用紙を折り曲げたり、汚したりしないでください。

マーク例
良い例 ●
悪い例 ⊙ ⊘ ◐ ◑ ⬤

書き取り試験注意事項（書き取り解答欄は裏面にあります。）
フランス語の文章を、次の要領で4回読みます。全文を書き取ってください。
- 1回目、2回目は、ふつうの速さで全文を読みます。内容をよく理解するようにしてください。
- 3回目は、ポーズをおきますから、その間に書き取ってください（句読点も読みます）。
- 最後に、もう1回ふつうの速さで全文を読みます。
- 読み終わってから2分後に、聞き取り試験に移ります。
- 数字を書く場合は、算用数字で書いてかまいません。（配点 12）

書き取り試験

採点欄

聞き取り試験

1	解答番号	解　答　欄	採点欄
	(1)		①⓪
	(2)		①⓪
	(3)		①⓪
	(4)		①⓪
	(5)		①⓪

2	解答番号	解答欄
	(1)	① ②
	(2)	① ②
	(3)	① ②
	(4)	① ②
	(5)	① ②
	(6)	① ②
	(7)	① ②
	(8)	① ②
	(9)	① ②
	(10)	① ②

準2級書き取り試験 解答欄

著者紹介
富田正二（とみた　しょうじ）
中央大学大学院文学研究科仏文学専攻博士課程満期退学。
仏検対策に関する著作多数。訳書にジョルジョ・ポリツェル『精神分析の終焉―フロイトの夢理論批判』（三和書籍），ジャン＝リュック・ステンメッツ『アルチュール・ランボー伝』（水声社＜共訳＞）などがある。

小室廉太（こむろ　れんた）
中央大学大学院文学研究科仏文学専攻修士課程修了。スイス政府給費生としてジュネーヴ大学文学部文芸学科（高等研究資格）課程修了。フランス・プロヴァンス大学文学部文芸学科修了，同大学博士課程満期退学。現在は中央大学や法政大学などでフランス語講師をしている。

●音声ダウンロード・ストリーミング

本書の付属 CD と同内容の音声がダウンロードならびにストリーミング再生でご利用いただけます。PC・スマートフォンで本書の音声ページにアクセスしてください。

https://www.sanshusha.co.jp/np/onsei/isbn/9784384058055/

仏検準2級スピード合格

2015年11月15日　第1刷発行
2025年6月30日　第7刷発行

著　者	富田正二　小室廉太
発行者	前田俊秀
発行所	株式会社　三修社
	〒150-0001　東京都渋谷区神宮前2-2-22
	TEL 03-3405-4511
	FAX 03-3405-4522
	振替 00190-9-72758
	https://www.sanshusha.co.jp
	編集担当　菊池　暁
印刷製本	倉敷印刷株式会社
CD製作	株式会社メディアスタイリスト
DTP	株式会社欧友社
カバーデザイン	やぶはなあきお
カバーイラスト	一志敦子
本文イラスト	佐藤睦美

© Shoji Tomita, Renta Komuro 2015 Printed in Japan
ISBN978-4-384-05805-5 C1085

JCOPY 〈出版者著作権管理機構 委託出版物〉

本書の無断複製は著作権法上での例外を除き禁じられています。複製される場合は、そのつど事前に、出版者著作権管理機構（電話 03-5244-5088 FAX 03-5244-5089 e-mail: info@jcopy.or.jp）の許諾を得てください。

仏検 準2級 スピード合格

Diplôme d'aptitude Pratique au Français

別冊

練習問題の解答

筆記問題

1　前置詞

EX. 1（12ページ）
(1) En　(2) dans　(3) par　(4) à　(5) pour
(1) 前へ，進め！
(2) 部屋をこのように散らかしっぱなしにするな。
(3) この道を通ってそこへ行かないでください，もっと時間がかかる。
(4) 彼(女)の息子はニース大学で勉強している。
(5) ボン行きの航空券はありますか？

EX. 2（13ページ）
(1) derrière　(2) sous　(3) sur　(4) chez
(5) contre
(1) 今度の試験で彼はローランに次いで2番だった。
(2) 冬になるとこの村は雪に埋もれる。
(3) 私はひとりで海岸を歩くのが好きです。
(4) 仕事のあとパン屋に寄るのを忘れないでね。
(5) 地下鉄の車内はぎゅうぎゅうづめだった。

EX. 3（14ページ）
(1) Pour　(2) en　(3) dans　(4) entre
(5) Pendant
(1) あすまでに私はフランスの地図をかかなければならない。
(2) 彼女は15分で食後の後片付けをすませた。
(3) 私は2日後，君に会いに行くよ。
(4) 私は毎日14時から18時までは会社にいる。
(5) 君が病気のあいだぼくはとても心配した。

EX. 4（15ページ）
(1) de　(2) Après　(3) jusqu'à　(4) avant
(5) depuis
(1) 今日生徒たちは8時から正午まで授業がある。
(2) 私は夫に相談してから決めることにします。
(3) 私は会議が終わるまでいることはできない。
(4) 私は日本へ帰るまえに中国を訪れたい。
(5) 私の車は1週間まえから自動車修理工場に入っている。

EX. 5（16ページ）
(1) de　(2) à　(3) à　(4) de　(5) À
(1) この歌手のCDは100万枚売れた。
(2) ドアに鍵をかけてください。
(3) 私はあなたにお知らせする良いニュースがあります。
(4) 私は朝の2時に寝たので，たまらなく眠たい。
(5) 私の考えでは，君はそのような考えは捨てたほうがいい。

EX. 6（17ページ）
(1) sur　(2) par　(3) en　(4) Selon　(5) en
(1) 招待客8人中2人が遅刻した。
(2) 彼女は疲れていたので招待を断った。
(3) 彼は部屋全体を緑色に塗った。
(4) 新聞によると，今年の冬はとても寒くなる。
(5) なにがあったのか手短に話しなさい。

EX. 7（18ページ）
(1) pour　(2) comme　(3) contre
(4) pour　(5) Malgré
(1) 彼らはとても親思いである。
(2) 私は君に医者として意見を言います。
(3) わがサッカーチームは土曜日にボルドーのチームと対戦する。
(4) 赤ちゃんを起こさないように静かに話しましょう。
(5) 彼は親切なのにあまり友だちがいない。

EX. 8（19ページ）
(1) Avec　(2) avec　(3) sans　(4) avec
(5) sauf
(1) この霧のせいで山頂が見えない。
(2) ここは応接間と寝室しかない狭いアパルトマンです。
(3) めがねなしで彼はどうして運転できるの？
(4) 彼女は自分のはさみで生地を裁断する。
(5) 私は1紙を除いてすべての新聞を読んだ。

EX. 9（20ページ）
(1) à　(2) de　(3) pour　(4) en　(5) à
(1) この古いズボンは捨てたほうがいい。
(2) クレールは5歳です。
(3) 彼には良い教師になるために必要な長所がある。
(4) 彼は数学が苦手だ。
(5) 彼はあらゆる出来事に無関心だ。

EX. 10（22ページ）
(1) avec　(2) par　(3) de　(4) sur　(5) à
(1) 彼女は弁護士と結婚した。
(2) 彼はついに私たちの決定に同意した。
(3) 食後の後片付けをすませなければならない。
(4) 応接間は通りに面している。
(5) 君は出かけるまえにガス栓を閉めるのを忘れなかった？

まとめの問題

1（24ページ）
(1) ④　(2) ⑥　(3) ①　(4) ③
(1) 彼はコテージを1ヵ月の予定で借りた。
(2) 彼は毎晩7時頃帰宅する。
(3) わが国では6月に梅雨が始まります。
(4) パリからは晴天に恵まれた。

2（24ページ）
(1) ④　(2) ②　(3) ⑤　(4) ①
(1) 彼らは好意から彼（女）にお金を貸した。
(2) リュシアンは君の意見に反対している。
(3) 全員来ました，インフルエンザにかかっているマルクをのぞいて。
(4) つけ加えることはなにもないのですか？

3（24ページ）
(1) ③　(2) ④　(3) ⑤　(4) ①
(1) 1日のうちに準備できるでしょう。
(2) きのうは雨が降りやまなかった。
(3) 動かすにはこのボタンを押さなければならない。
(4) 学校へ行く準備はできた？

4（25ページ）
(1) ④　(2) ⑤　(3) ⑥　(4) ①
(1) タルトを6等分にしてください。
(2) この季節にしてはとても暑い。
(3) 日本の太平洋岸は晴れるだろう。
(4) 君の名前は発音しにくい。

5（25ページ）
(1) ③　(2) ①　(3) ⑥　(4) ⑤
(1) 君の椅子をテーブルに近づけなさい。
(2) この手紙には1ユーロ切手が必要です。
(3) マルクはいつも本を小脇にかかえて散歩する。
(4) 便りのないままにしないで，手紙を書いてよ。

6（25ページ）
(1) ②　(2) ③　(3) ①　(4) ⑤
(1) パン屋にはもうパンがなかった。
(2) たばこの値段は月曜日に1箱20サンチーム値上がりするだろう。
(3) あなたの声が聞こえるように大きい声で話してください！
(4) すべての仕事の申し出のなかで，君にはどれが最も興味深く思えますか？

2 定型表現
まとめの問題

1 (41ページ)
(1) gentil (2) tranquille
(3) campagne (4) quoi (5) égal

2 (41ページ)
(1) panne (2) rend (3) temps
(4) aise (5) inquiétez

3 (42ページ)
(1) retard (2) habitude (3) papiers
(4) étage (5) Servez

4 (42ページ)
(1) peine (2) choix
(3) manques (4) dérangez (5) santé

5 (43ページ)
(1) combien (2) choisi (3) habillé
(4) paix (5) addition

6 (43ページ)
(1) dépend (2) donnez (3) instant
(4) sert (5) tout

3 動詞

EX. 1 (46ページ)
(1) habite (2) a vendu
(3) a gagné (4) vit (5) as payé

(1) A 彼は2年まえからロンドンで暮らしている。
　　B 彼は2年まえからロンドンに住んでいる。
(2) A 彼らはこの家を買った。
　　B 人はこの家を彼らに売った。
(3) A わがサッカーチームはスペインチームを打ち負かした。
　　B わがサッカーチームはスペイン戦で勝利した。
(4) A サンドリーヌは思いどおりの生活を送っている。
　　B サンドリーヌは思いどおりに生活している。
(5) A 君の車はいくらだったの？
　　B 君は車にいくら払ったの？

EX. 2 (47ページ)
(1) aimera (2) respecte (3) crains
(4) m'intéresse (5) fera

(1) A このジーンズはとても私の息子の気に入るだろう。
　　B 私の息子はこのジーンズが気に入るだろう。
(2) A 彼は私の忠告を無視する。
　　B 彼は私の忠告を尊重しない。
(3) A 私は試験に失敗したんじゃないかと心配だ。
　　B 私は試験に失敗したんじゃないかと不安だ。
(4) A 政治は私には死ぬほど退屈だ。
　　B 私は政治にまったく興味がない。
(5) A 今年の夏，暑さがひどいだろう。
　　B 今年の夏はひどく暑くなるだろう。

EX. 3 (48ページ)
(1) enseignait / apprenait (2) prépare
(3) me rappelle (4) me souviens

(5) s'élèveront
(1) **A** 彼は中学で数学の授業をしていた。
　　B 彼は中学で数学を教えていた。
(2) **A** 彼は6月にある試験のために猛勉強している。
　　B 彼は6月にある試験の準備におおわらわだ。
(3) **A** 私はもう夢を忘れた。
　　B 私はもう夢をよく思い出せない。
(4) **A** 私は新婚旅行を思い出す。
　　B 私は新婚旅行のことを覚えている。
(5) **A, B** ガソリン料金は来月上がるだろう。

EX. 4（49ページ）
(1) sert　　(2) sont　　(3) est
(4) s'emploie　　(5) aider
(1) **A, B** この整理棚は資料の整理に役立つ。
(2) **A, B** これらの服は洗わなければならない。
(3) **A, B** その家は村はずれにある。
(4) **A, B** 今日ではもうタイプライターは使われない。
(5) **A** 私に手を貸してくれますか？
　　B 私を手助けしてくれますか？

EX. 5（50ページ）
(1) sait　(2) dois　(3) avons eu
(4) demandera　(5) reconnais
(1) **A** アガートは5つの言語を流暢に話すことができる。
　　B アガートは5つの言語をとてもじょうずに話すことができる。
(2) **A** 私が健康でいられるのはあの医者のおかげだ。
　　B 私が生きていられるのはあの医者のおかげだ。
(3) **A** 今年の夏はめったに雨が降らなかった。
　　B 今年の夏はほとんど雨が降らなかった。
(4) **A** パソコンを修理するのに3日かかるでしょう。
　　B パソコンの修理は3日を要するでしょう。
(5) **A** 君は私を覚えていないの？
　　B 君は私がわからないの？

EX. 6（51ページ）
(1) choisissez　(2) s'est trompé
(3) préfère　(4) a semblé　(5) ressembles
(1) **A** これら2枚のシャツブラウスのうち，どちらにしますか？
　　B これら2枚のシャツブラウスのうち，どちらを選びますか？
(2) **A** 彼はまちがった道を選択した。
　　B 彼は道をまちがった。
(3) **A, B** 私は演劇より映画のほうが好きです。
(4) **A** 私はこの映画をとてもこっけいだと思った。
　　B この映画は私にはとてもこっけいに思えた。
(5) **A** 君はほんとうに君の兄［弟］のようだ。
　　B 君はとても君の兄［弟］に似ている。

EX. 7（52ページ）
(1) obéit　(2) permet　(3) voulais
(4) a empêché　(5) éviter
(1) **A** エドワールはけっして両親のいうことを聞かない。
　　B エドワールはけっして両親に従わない。
(2) **A** 彼（女）はディスコへ踊りに行くことを禁じられている。
　　B 彼（女）はディスコへ踊りに行くことを許されていない。
(3) **A, B** 私はまったく散歩に行きたくなかった。
(4) **A** 柵のせいで私たちは敷地内に入ることができなかった。
　　B 柵は私たちが敷地内に入ることを妨げた。
(5) **A** 私たちは交通渋滞に巻き込まれないようにとても早く出発した。
　　B 私たちは交通渋滞を避けるためにとても早く出発した。

EX. 8（53ページ）
(1) a conseillé　(2) dit　(3) appelle
(4) répète　(5) a salué

(1) **A, B** 彼は私たちにあすまで待つように忠告した。
(2) **A** 私は中国を旅行したくない。
B 中国旅行は私にはまったく興味がない。
(3) **A, B** ブランさん，あなたに電話ですよ。
(4) **A** このことはほかの人に言わないで，秘密です。
B このことを口外しないで，これは秘密です。
(5) **A, B** トマは会ったとき，私にあいさつした。

EX. 9（54ページ）
(1) voir (2) cachait (3) a montré
(4) entend (5) Présentez
(1) **A** きのう私は入院している友人を訪れた。
B きのう私は入院している友人を見舞いに行った。
(2) **A** ジュリアンは心の動揺をあらわにしていた。
B ジュリアンは心の動揺を隠さなかった。
(3) **A, B** ロールは私にヴァカンスの写真を見せた。
(4) **A** 私の祖父は少し耳が遠い。
B 私の祖父はもうあまりよく聞こえない。
(5) **A, B** 私にあなたの身分証明書を見せてください。

EX. 10（55ページ）
(1) rendra (2) a offert (3) a pris
(4) garder (5) avons reçu
(1) **A** クローディアは彼女の夫のせいで不幸になるだろう。
B 彼女の夫はクローディアを不幸にするだろう。
(2) **A** 彼女は私の誕生日に腕時計をくれた。
B 彼女は私の誕生日に腕時計をプレゼントした。
(3) **A** 彼はヴァカンスのあいだに2キロ太った。
B 彼はヴァカンスのあいだに2キロ体重が増えた。
(4) **A** 授業中おしゃべりをしてはいけない。
B あなたたちは授業中は沈黙を守らなければならない。
(5) **A** あなたの小包はきのう私たちのところに着いた。
B 私たちはきのうあなたの小包を受けとった。

EX. 11（56ページ）
(1) est venu (2) conduire [emmener]
(3) Laisse (4) vient (5) va
(1) **A** 彼は私に会いにニースに立ち寄った。
B 彼はニースにいる私に会いに来た。
(2) **A** 私はあなたを空港まで送って行きます。
B 私はあなたを空港までお連れします。
(3) **A** 私のじゃまをしないで。
B 私をそっとしておいて。
(4) **A, B** なぜあなたは疲れているのですか？
(5) **A** どうしたの，ジェローム？
B なにがうまくいかないの，ジェローム？

EX. 12（57ページ）
(1) est restée (2) passe (3) sont montés
(4) est arrivée (5) traverser
(1) **A** 彼女は髪型を変えなかった。
B 彼女の髪型はずっと同じだった。
(2) **A** 彼は村でもっとも立派な医者とみなされている。
B 彼は村でもっとも立派な医者で通っている。
(3) **A, B** 彼らは東駅でタクシーに乗った。
(4) **A, B** ジャンヌはうまくこの仕事をすることができた。
(5) **A** 森へ行くにはこの橋を通らなければならない。
B 森へ行くにはこの橋を渡らなければならない。

EX. 13（58ページ）
(1) a coupé (2) quitte (3) augmente
(4) partage (5) manque
(1) **A** 彼女はキッシュを4つに分けた。

B 彼女はキッシュを4つに切り分けた。
(2) A 彼女はナポリを訪れることしか考えていない。
　　B ナポリを訪れるという考えはけっして彼女の頭から離れない。
(3) A この国では失業者はますます増えている。
　　B この国では失業者の数が増加している。
(4) A シモンは友人と同じアパルトマンに住んでいる。
　　B シモンは友人とアパルトマンを共有している。
(5) A 彼女の夫はユーモアというものを知らない。
　　B 彼女の夫はまったくユーモアに欠ける。

EX. 14（59ページ）
(1) arrête　(2) a commencé　(3) finirai
(4) ouvre　(5) Continuez
(1) A 休みなく雨が降る。
　　B 雨がやまない。
(2) A, B 彼は新しい本を読み始めた。
(3) A 私は解決策を見つけることができるだろう。
　　B 私は最終的には解決策を見つけるだろう。
(4) A 来館者は10時になったら美術館に入ることができる。
　　B 美術館は10時に開館する。
(5) A 次の村までこの道を行ってください。
　　B 次の村までこの道を進み続けてください。

まとめの問題
1（60ページ）
(1) peut　(2) a coûté　(3) faut
(4) ont plu　(5) rendre
(1) A, B ブリュノはとても速く走ることができる。
(2) A あなたはこの上着にいくら払いましたか？
　　B この上着はいくらでしたか？
(3) A, B 君はサインするために万年筆が必要だ。
(4) A あなたはヴァカンスに満足していますか？
　　B ヴァカンスはあなたの気に入りましたか？
(5) A, B ちょっと私を手助けしてくれますか？

2（60ページ）
(1) est　(2) manque　(3) arrêtent
(4) se porte　(5) as appelé
(1) A, B この本はミシェルのものです。
(2) A, B この生徒はしょっちゅう欠席する。
(3) A 彼らはうるさいにもかかわらず話し続けている。
　　B 彼らはうるさいにもかかわらず話すことをやめない。
(4) A, B 私の父は最近元気です。
(5) A 君は警察に家へ来るように頼んだの？
　　B 君は警察を呼んだの？

3（61ページ）
(1) semblent　(2) possède　(3) compte
(4) aider　(5) avez fait / faites
(1) A, B これらの果物はとてもおいしそうだ。
(2) A この別荘はある作家のものです。
　　B ある作家がこの別荘を所有している。
(3) A, B 私はあす出発するつもりです。
(4) A 私はお役に立つことができますか？
　　B 私はあなたに手を貸したいのですが。
(5) A あなたは計算をまちがっている。
　　B あなたはまちがった計算をした［している］。

4（61ページ）
(1) empêche　(2) prêter　(3) suis
(4) as passé　(5) connais
(1) A 私はうるさいので眠ることができない。
　　B 騒音は私が眠ることを妨げる。
(2) A 私は君の辞書を借りてもいい？
　　B 君は私に辞書を貸してくれますか？
(3) A ぼくはブルターニュ地方で生まれました。
　　B ぼくはブルターニュ地方出身です。
(4) A 君はヴァカンスのあいだどこにいたの？
　　B 君はどこでヴァカンスを過ごしたの？
(5) A 君はもうグルノーブルへ行ったことがあ

りますか？
B 君はグルノーブルを知ってる？

5 (62ページ)
(1) demandera (2) aura (3) passait
(4) avons appris (5) Rappelez
(1) A この仕事にはたいへんな入念さが必要でしょう。
　　B この仕事はたいへんな入念さを必要とするでしょう。
(2) A, B 今年の冬は大雪が降るだろう。
(3) A そのことについてはもう話さないでおきましょう。話題を変えましょう。
　　B そのことについてはもう話さないでおきましょう。ほかの話題に移りませんか？
(4) A オリビエは私たちに君の入院のことを話した。
　　B 私たちはオリビエから君の入院のことを知らされた。
(5) A あすまた私に電話してください。
　　B あす私に電話をかけなおしてください。

6 (62ページ)
(1) paraît (2) a permis
(3) diminuera (4) dire (5) partageais
(1) A この雑誌は毎月発売される。
　　B この雑誌は毎月出版される。
(2) A 晴れていたので，私たちはすばらしい行楽ができた。
　　B 好天は私たちにすばらしい行楽を許した。
(3) A この村は住民がだんだん減っていくだろう。
　　B この村では住民の数が減少するだろう。
(4) A 私はこれらの単語の意味を知らない。
　　B 私はこれらの単語がなにを意味するのかわからない。
(5) A 私は彼と同じ意見ではなかった。
　　B 私は彼の意見に賛成ではなかった。

4　代名詞

EX. 1 (64ページ)
(1) moi (2) elle (3) nous
(4) lui (5) eux
(1) ―これは君のペン？
　　―うん，ぼくのだよ。
(2) ―あなたのご主人のお母さんはどんな人？
　　―とてもいい人よ。私と夫はよく彼女の家に行くの。
(3) ―彼は君にも君の友人にも会わない。
　　―ぼくらに対して怒っているの？
(4) ―パスカルを頼りにしたほうがいいよ。
　　―うん，彼だけが頼みの綱だね。
(5) ―今日の午後，子どもを見てくれる？
　　―ええ，面倒を見るわ。

EX. 2 (65ページ)
(1) Ça (2) celles (3) ce
(4) celle (5) celui
(1) ―今晩ジャンの家に寄るよ。
　　―ちょうどいい！　この本を彼に持って行って。
(2) ―ああ，きれいなイチゴ！
　　―気に入ったものをお取りなさい。
(3) ―ポールは君の忠告に従わないのかい？
　　―うん，彼は人にしなくちゃならないことを言われるのが嫌なのさ。
(4) ―デュポンさんをご存じですか？
　　―ええ，白いドレスを着ている方です。
(5) ―どの学生のことを話しているのですか？
　　―お母さんが女優の学生のことです。

EX. 3 (67ページ)
(1) me (2) le (3) les (4) lui (5) la
(1) ―熱があるみたいだ。
　　―私に風邪をうつさないでね！
(2) ―ママ，ピエールはまだ寝ているよ。
　　―すぐに彼を起こしなさい。
(3) ―ハサミはどこ？
　　―それは引き出しに入れといた。

(4) —パスカルはいる？　今日の午後の会議は
　　延期されたんだ。
　　—彼にそのことは伝えておきます。
(5) —シルヴィーはまだついていないの？
　　—ああ，ほら，彼女がやってきたよ。

EX. 4（69ページ）
(1) y　(2) le　(3) en　(4) y　(5) en
(1) —家賃はおいくらですか？
　　—電気代込みで1,000ユーロです。
(2) —あなた方は明日，フランスに発ちますが，
　　ジュリーが病に倒れました。
　　—ええ，承知しています。仕方ありません，
　　あきらめましょう。
(3) —フローランスの自転車は埃だらけだ。
　　—もう彼女はそれに乗っていないんだ。
(4) —お父さんはバルセロナの地図を持っているの？
　　—もちろん。あそこに行ったことがあるもの。
(5) —ロベールとリーズ，君たちはもうこの映画を見た？
　　—いや，でも噂は聞いたことがあるよ。

EX. 5（71ページ）
(1) dont　　(2) duquel　(3) où
(4) auquel　(5) qui
(1) —映画に行くのはどう？
　　—もちろんいいよ。話題になっているあの映画見たくない？
(2) —天気がいいね。湖でボートにでも乗ろうか？
　　—ええ。あやめが水際に生えているあの湖は趣があるわね。
(3) —あすぼくたちは銀婚式を祝おう。
　　—ええ，私たちの結婚式を挙げた日を思い出すわね。
(4) —なぜ彼女は君に腹をたててるの？
　　—彼女が一番大事にしていた花瓶を割ったからだよ。
(5) —アリーヌってだれ？

　　—ぼくが結婚する予定の女性さ。

EX. 6（72ページ）
(1) Que　　(2) quelle　(3) qui
(4) laquelle　(5) quoi
(1) —会わなくなって久しぶりだね。
　　—ああ，5年ぶりだ。その後変わりないかい？
(2) —去年彼は引っ越したよ。
　　—今はどこの町に住んでいるんだい？
(3) —あすぼくは休暇に出かけるよ。
　　—だれと？
(4) —この映画には3人の女優が出演していたね。
　　—君はどの女優がいちばんきれいだと思う？
(5) —シュールレアリスム運動についてどう思いますか？
　　—何のことを話しているのですか？　まったくわかりません。

EX. 7（73ページ）
(1) qui　　　(2) comment　(3) où
(4) que　　(5) lequel
(1) —この絵はすばらしい。
　　—ええ。だれが描いたのか知ってる？
(2) —リヨン駅はこの近くです。
　　—そこへはどのように行けばいいか説明してください。
(3) —今年はいつヴァカンスに出発するの？
　　—7月。どこに行くか決めよう。
(4) —私の計画について，どのようにお考えでしょうか？
　　—ごめんなさい，今あなたがなにを言ったのか理解できませんでした。
(5) —デザートはなににしますか？
　　—ちょっと待ってください。どれを選んだらいいのかわかりません。

EX. 8（75ページ）
(1) quelqu'un　(2) personne

(3) Rien　　(4) tous　　(5) on
(1)―ギイ，君をだれかが受付で待っているよ。
　　―今行くよ。
(2)―パーティーにはたくさん人が来てた？
　　―いや，だれもいなかったよ。日にちをまちがえちゃった。
(3)―遅れてしまってごめんなさい。
　　―たいしたことじゃないよ。なにも急ぐことはないさ。
(4)―君の兄弟たちには電話しなかったの？
　　―電話したよ。でも，みんな留守だったんだ。
(5)―この映画は見ましたか？
　　―いいえ，でも最近話題になっていますね。

EX. 9 (76ページ)
(1) le mien　　(2) La mienne　　(3) les vôtres
(4) les nôtres　　(5) La tienne
(1)―私の携帯電話は調子が悪い。
　　―よかったら私のを使って。
(2)―妻は料理をするのが好きじゃなくて。
　　―私の妻も同様です。
(3)―この靴はあなたのですか？
　　―いや，あなたのですよ。
(4)―ドゥニとセシル，君たちのご両親はまだお若いのですか？
　　―いいえ，私たちの両親は老いています。
(5)―ローズ，とてもすてきなワンピースを着ているね。
　　―あなたのもすてきよ。

まとめの問題

1 (77ページ)
(1) ⑥　(2) ②　(3) ④　(4) ①　(5) ③
(1)―それはほんとうに残念だね。
　　―うん，でもそれはだれのせいでもないよ。
(2)―アニーのことをどう思う？
　　―アニー？　父親が医者の娘のこと？
(3)―そのことをポールに説明すべきでしょうか？
　　―いや，その必要はない。あすぼくが彼に話すよ。

(4)―この前の旅行の写真を見せてください。
　　―パリのもの？　探してみます。
(5)―アンヌのお母さんを知ってる？
　　―きのうぼくたちが会った女性のこと？

2 (77ページ)
(1) ⑦　(2) ⑤　(3) ①　(4) ⑥　(5) ③
(1)―トイレに行きたいの。
　　―行ってらっしゃい。出口で待っているから。
(2)―どうもありがとう。
　　―どういたしまして。
(3)―なぜこの研修に参加するのですか？
　　―私にとって重要なのは，つながりを作ることです。
(4)―なにか欲しい？
　　―いいえ，ありがとう。なにもいりません。
(5)―ヴィルジニーはとてもきれいなワンピースを着ていたね。
　　―ええ，私も同じものが欲しいんだけど。

3 (78ページ)
(1) ①　(2) ⑤　(3) ④　(4) ③　(5) ⑦
(1)―このケーキはとてもおいしい。
　　―ほんとう？　もう1つどう？
(2)―この古い建物はなに？
　　―あなたのおばあさんが生まれた家よ。
(3)―ミシェルのことをどう思う？
　　―頼りにしていい人だよ。
(4)―ぼくの自転車は故障しているんだ。
　　―ぼくの弟のを使いなよ。
(5)―イタリア語はわからないの？
　　―うん。この教科書に書いてあることを訳して。

4 (78ページ)
(1) ①　(2) ⑤　(3) ④　(4) ②　(5) ⑥
(1)―この4人の学生のうちでだれに賞をあたえますか？
　　―私たちは青いワンピースを着ている方を選びました。
(2)―お手伝いしましょうか？

―娘へのプレゼントを探しています。なにがおすすめでしょうか？
(3)―このお人形が欲しい。
　　―どれ？　ショーケースの奥にある人形？
(4)―すみません，これらの絵葉書はいくらですか？
　　―1枚1ユーロで，12枚で10ユーロです。
(5)―ロジェはいつも冗談ばかり言っている。
　　―でも，彼の言うことにはいつも何らかの真実がある。

5 (79ページ)
(1) ⑦　(2) ②　(3) ⑥　(4) ⑤　(5) ③
(1)―若者が政治に関心を持たないのは残念だ。
　　―それが何になるの？　なにも変わりはしないさ。
(2)―私はピエールの携帯電話番号を知りません。
　　―それじゃあ彼の固定電話にかけてみてください。
(3)―最後に彼に会ったのはいつ？
　　―日付は忘れた。でも，君が入院した年だよ。
(4)―君のスマホを貸してくれる？
　　―いいよ，でも君のは壊れたの？
(5)―今日の午後なにか用事ある？
　　―ええ，両親と会う約束があるの。家に行くの。

6 (79ページ)
(1) ④　(2) ②　(3) ⑤　(4) ①　(5) ⑦
(1)―アボカドはありますか？
　　―ええ，おいくつ必要ですか？
(2)―パーティーにはまだ人がいる？
　　―うん，でも何人かはもう帰ったよ。
(3)―ジェロームは食事にうるさすぎない？
　　―なにを食べさせたらいいかわからないわ。
(4)―コンピューターが動かなくなったよ。勉強ができない。
　　―新しいのを買いなさい。
(5)―ちょっと頼みごとがあるんだけど。
　　―うん，なに？

5　長文完成

1 (82ページ)
(1) ①　　(2) ①　　(3) ③
(4) ②　　(5) ③

　授業中どのようにして生徒たちの関心をひけばいいのだろうか？　それは教師たちにとって難しい問題だ。
　3Dが解決策になるかもしれない。ヨーロッパのいくつもの中学校で実験が**行なわれた**。3Dは教師にとって補助的手段である。**こうして**彼らは生徒たちの注意をよりひきつけることができる。
　これは映画館におけるのと同じような働きをする。パソコンとビデオ映写機が必要になる。生徒たちと教師は大きなめがねをかける。
　今のところ，3Dはとくに生物の授業で使われている。それはたとえば，身体の血の循環や心臓にどのような働きがあるかを映しだす。数学でも，空間幾何学の授業のために用いられている。しかし，**他の教科**も3Dを使った授業の対象になりうるだろう。たとえば，地質学で土壌の動きや地震を示すためにも使用できる。歴史もまたタイムトラベルのプログラムをそなえた3Dを使って教えることができるだろう。
　3Dで**映像をみた**生徒たちは，古典的な授業をうけた他の生徒たちよりよく授業内容を記憶していた。ようするに，授業で3Dを使えば，生徒たちはよりできるようになるように思える。

(1) ①行なわれた
　　②開催された
　　③もたらされなかった
(2) ①こうして
　　②同様に
　　③とはいえ
(3) ①時がたつにつれて
　　②結局
　　③今のところ
(4) ①これらのテーマ
　　②他の教科

③すべての同じもの
(5) ①なにも気づかなかった
　　②ニュースを聞いた
　　③映像をみた

2 (83ページ)
(1) ②　(2) ②　(3) ②　(4) ③　(5) ③

　世界には主要な3つのタイプの暦が存在する。それらは全部が同じ日数ではない。新年を**さまざまな日に**祝うのはそういうわけである。

　私たちの暦は「グレゴリオ暦」といって世界的な暦である。地球の周期に基づいていて、地球は太陽を1周するのにほぼ365日**かかる**。「イスラム暦」は月の周期に基づいている。月は約29.5日で地球を1周する。したがってこの暦によると1年は354日から355日となり、私たちの国より11日**少ない**。最後に、「中国」の暦はこれら2つの方式を合わせたものである。それは月の周期に基づくが、季節との**関連で**、ずれが大きくなりすぎないように3年おきに1カ月補充される。したがって中国の新年は**いつも**グレゴリオ暦の1月21日から2月20日のあいだにくる。

(1) ①別の日に
　　②さまざまな日に
　　③同じ日に
(2) ①…である
　　②(時間を) かける
　　③(時間を) 過ごす
(3) ①…と同じ
　　②…より少ない
　　③…より多い
(4) ①対応する
　　②反する
　　③関連で
(5) ①ときとして
　　②まれに
　　③いつも

3 (84ページ)
(1) ③　(2) ①　(3) ③　(4) ③　(5) ③

　フランスでは毎年6万匹近い犬と猫が捨てられる。もちろん悲しいことである。

　しかしその反対のやりすぎもある。飼い主はペットを甘やかすために何でもする**気でいる**。

　すべてはアメリカとアジアに端を発したものである。あちらでは犬にとって、**豪華でありさえすれば**、高級すぎるというものはなにもない。ペットに人間と同じ快適な設備やレジャーをあたえようと考える。

　こうした会社の経営者はこのような傾向を歓迎する。市場が**莫大な利益をもたらす**からだ。アメリカ人は毎年4本足の友だちのために390億ユーロをつぎこむ。フランスはもっとも多いペット数を数えるヨーロッパの国なので、この**傾向**がわが国に少しずつ上陸するのも理解できる。

　しかし、犬を命ある人形だとみなしてしまうと、犬の幸福に不可欠な行為を忘れてしまい**かねないだろう**。規則的に餌をやり、日に何度か散歩させ、きちんとしつけるといった行為である。

(1) ①適した
　　②必要な
　　③心構えのできた
(2) ①…ならば
　　②…でないかぎり
　　③…するまえに
(3) ①行なわれる
　　②調子が悪い
　　③莫大な利益をもたらす
(4) ①同伴
　　②意図
　　③傾向
(5) ①…するのをやめるだろう
　　②…しようと試みるだろう
　　③…する恐れがあるだろう

4 (85ページ)
(1) ①　(2) ①　(3) ②　(4) ③　(5) ①

　アマールサーカスは最後の大サーカスの1つで，ほぼ一年中フランスを巡業している。この大サーカスを養っていくには，130台の車両と150名の人員が必要である。さらにサーカスの所有者たちの子どもたちもいる。**彼らは一般の子どもたちとは異なる生活を送っている。**

　彼らにとっての1週間は，旅と興業と学校の規則的な生活リズムからなっている。2001年からある学校はサーカスのトラック内に開設されている。学校は教師として若い女性を雇っている。子どもたちは8歳から16歳までで，1クラスしかない。だから**各人のレベルに適応しなければならない。**

　学校は毎週火曜日，水曜日，金曜日が全日，月曜日と木曜日も午後だけ開校されている。**月曜日と木曜日の朝は**授業がない。この時間はサーカスが町から町へ移動するために使われるからである。そして，学校の宿題が終わる**とすぐに**，子どもたちは夜の興業の準備をする。予定としては，観衆の席への案内，ポップコーンの販売，それととりわけ，サーカスの芸人たちが出演するまえの体操の出しものである。これは，いつの日かサーカスをになうことになるこれら若者たちにとって**責任重大な**スケジュールである。

(1) ①彼らはほかの子どもたちのような生活を送ってはいない
　　②彼らはほかの子どもたちと異なる生活を送ってはいない
　　③彼らはほかの人たちから自立した生活を送っている
(2) ①各人のレベルに適応しなければならない
　　②この新しい生活に慣れなければならない
　　③この授業で行なわれるべきではない
(3) ①毎週月曜日と木曜日の午後は
　　②毎週月曜日と木曜日の朝は
　　③毎週火曜日と水曜日は
(4) ①…のまえに
　　②たしかに
　　③…したらすぐに
(5) ①とても責任の重い
　　②とても変わりやすい
　　③効果のない

5 (86ページ)
(1) ③　(2) ①　(3) ③　(4) ①　(5) ①

　ユーモアは人を笑わせるよい方法である，**しかしまた**いくつかのテーマを熟考させるよい方法でもある。それは，フランスにおいては権利である表現の自由の一部である。

　だからといって，何でも笑いの対象にすることができるのだろうか？　それは大きな問題で，それに対してたいていは「できます，しかしだれと話しているときでも，というわけにはいきません」と答える。**言い方をかえれば**，なにを笑いの対象にしてもいいけれど，話し相手がユーモアを理解する人のときだけということである。

　しかし，**それだけではない。**ユーモア作家の意図が善良である必要もある。冗談が意味もなく人を馬鹿にするだけなら，そのときは**笑えず**，不快な思いをする理由がある。しかし冗談によって，社会の誤謬や不正を告発することができれば，それはヒットする。

　ようするに，何でも笑いの対象にするには，とりわけそれが**おもしろくなくてはならない。**コントの文体には知性と才能が求められる。それはすべてのユーモア作家にあたえられているものではない。

(1) ①反対に
　　②以前のように
　　③しかしまた
(2) ①言い方をかえれば
　　②じつを言うと
　　③とりわけ
(3) ①それがすべてだ
　　②理由がある
　　③それだけではない

(4)①笑わない
　②それに感動する
　③それに興味をもつ
(5)①おもしろい
　②退屈な
　③くだらない

6 (87ページ)
(1) ①　(2) ①　(3) ①　(4) ②　(5) ③

　ときとしてお金は禁じられた話題になるようだ。それは人々の主要な関心事の1つで**あるにもかかわらず**。子どもたちはといえば, **恥ずかしげもなく**お金の話をする。クリスマスで, まちまちなあらゆる年齢の子どもの3人中1人はプレゼントとしてお金を要求した。そして, 8歳にもなると, 大半（10人中7人）の子どもたちがポケットマネーをもっている。親たちはお金を渡すことを受け入れる。というのは, 子どもたちにとても早い時期から予算管理ができるようになってもらいたいからだ。それは有効だろうか？　はい！　ある研究によると, 子どもたちは**ほとんどお金をつかわない**という。大きな買いものをするために節約するのだ。

　あなたたちは祝祭日期間中にお金をもらったかもしれない。それはお年玉とよばれる。それは古代にまでさかのぼる伝統だ。長いあいだ, 家族と友人たちにはクリスマスのとき**はプレゼントをしていなかった**が, 公現祭のときはお金を贈っていた。伝統は続いている。一部の家庭では, **今なお**祖父母が孫たちにルイ金貨をあたえる。この古い硬貨は王たちの時代にさかのぼる。ルイ金貨1枚の値段は500から1500ユーロまでさまざまである。ときにはそれ以上の値がつく！

(1)①…であるにもかかわらず
　②あたかも…であるかのように
　③…であるから
(2)①その話をすることを恥ずかしがらない
　②お金をかせぐ必要がない
　③そのことについて考えるのが恐い
(3)①お金をほとんどつかわない
　②お金を貯金しない
　③よくお金を見つける
(4)①あなたを喜ばせなかった
　②プレゼントを贈らなかった
　③お金を贈っていた
(5)①すでに
　②やはり
　③今なお

6　長文読解

1 (90ページ)

(1) ②　(2) ①　(3) ①　(4) ①　(5) ②　(6) ②

　セシルは45歳である。彼女にはレオンという名の息子がいる。

　彼女がピエールと出会ったとき，彼はすでに2子の父親でほかに子どもを欲しいとは思っていなかった。彼女といえば，37歳になろうとしていて，もはや「子どもはいるの？」ではなく，「子どもたちは何歳なの？」と聞かれるような年齢を迎えようとしていた。夫を説得し，レオンを身ごもっているとき，42歳になっていた。今日では，3歳の息子が彼女のほうへかけてくるのを見るとき，他のことはすべて忘れてしまう。

　レオンが15歳になるとき，ピエールは64歳に，彼女は57歳にさしかかるだろう。彼女の夫は，長男とそうしているように，レオンを小型ヨットに乗りに連れて行くには歳をとりすぎているのではないかとときどき心配する。彼女に不安はない。自分たちがずっと健康でいられるという自信がある。しかし彼らはより多くのことを予定より早く行ない，準備している。彼らは将来レオンが学費を払えるように銀行口座を開設した。

　今彼らは知ることのできないあしたの心配をすることもなく生活を満喫している。彼女は3歳の男の子の若い母親だ。

(1) ピエールと出会ったとき，セシルはすでに37歳を超えていた。
(2) セシルはもう1人子どもをもうけるようピエールを説得した。
(3) レオンが生まれたとき，セシルは42歳だった。
(4) ピエールはセシルより7歳年上である。
(5) セシルとピエールはレオンをヨットに乗りに連れていけると確信している。
(6) あしたの心配がセシルとピエールの頭から離れることはけっしてない。

2 (91ページ)

(1) ②　(2) ②　(3) ②　(4) ①　(5) ①　(6) ①

　小学生の知加子は日立に住んでいた。2012年5月に彼女の町は地震で激しく揺れた。海岸には津波が押しよせたが，山の近くにある彼女の家までは達しなかった。1週間のあいだ，水もガスも電気もなかった。

　大惨事が発生したとき，彼女は学校にいた。先生は生徒たちに全員校庭に集まるように言った。それは地震のときの習慣である。地震は家を激しく揺らし，なにもかもがとても強い力で動かされた。本は全部棚から落ちた。

　今でもまだ余震を感じる。この地震以来，彼女はいつもとても恐くなる。津波の映像をテレビでみていると，彼女はほんとうにとても恐ろしくなる。

　今は，たくさんの水のボトルが備蓄されている。またたくさんの乾電池も蓄えてある。人々は明かりを消して電気をとても節約しなければならない。あるいは，エネルギーを消費しすぎないようにテレビは完全に切らなければならない。

　彼女はよく海岸近くに住んでいた人たちのことを思い，海へ祈りを捧げるためにローソクに火を灯しに行く。

(1) 知加子の家は津波で破壊された。
(2) 生徒たちは地震が発生すると，教室に集まる習慣があった。
(3) 2012年5月以来もう地震は起こっていない。
(4) 津波の映像はまだテレビで放映されている。
(5) 人々は今でも地震のせいで停電するのではないかと心配している。
(6) 知加子は海の近くに住んでいた被災者たちを気の毒に思っている。

3 (92ページ)

(1) ①　(2) ②　(3) ①　(4) ②　(5) ②　(6) ①

　33歳のアメリカ人綱渡り芸人，ニック・ワレンダはアメリカ合衆国とカナダを30分足らずで結んだ。驚くことはないとみなさんは思いますか？　この横断をなしとげるために，

ニックがナイアガラの滝から60メートル上空に張られた1本のロープのうえを歩いたということをのぞけば。この快挙のもっとも新しい成功例は1896年になしとげられたものだった。ニック・ワレンダはこの快挙を実現するために特別な許可を申請しなければならなかった。また，安全ベルトを装着しなければならなかった。

しかしベルトで繋がれていたからといって，ワレンダの快挙からうける感動が薄まるわけではない。黒いズボンに防水加工された赤いジャケットを身につけ，特殊な靴をはいた彼は，夜もふけたころ巨大な投光器の照明をうけながら，ナイアガラ川の横断に挑戦した。彼は滝からもやが生じていたにもかかわらず，ふらつくことはなかった。

カナダ側につくと，彼は新しい計画を告知した。深さ1300メートル以上の河によってうがたれた峡谷グランド・キャニオンの横断である。

(1) ナイアガラの滝はカナダとアメリカ合衆国の国境にある。
(2) ニック・ワレンダは，ナイアガラの滝のうえに張られたロープを歩いて渡った最初の人だった。
(3) ニック・ワレンダは安全ベルトを装着するという条件で，ナイアガラ川横断の許可をえた。
(4) 安全ベルトを装着していたのだから，ニック・ワレンダの快挙は感動的とは思えない。
(5) ニック・ワレンダは暗闇のなかでナイアガラ川の横断をなしとげた。
(6) ニック・ワレンダはグランド・キャニオンを横断するつもりである。

4 (93ページ)
(1) ① (2) ② (3) ① (4) ① (5) ② (6) ①

フィリップはずっと以前から運転が大好きである。彼は一日中オフィスのなかにじっとしていることはできない。彼は動くことが好きである。あちこち動き回って，人に会

い，各地を旅し，人と接すること，それはずっとまえからやりたいと思っていることである。彼はじっさいにタクシードライバーになろうと努力していた。

彼が今のタクシー会社で車を走らせるようになって4カ月になる。彼は幸いにも楽しい時を過ごすことができている。ときには客はシャンゼリゼ通りとかコンコルド広場といった難しい場所へ行く必要がある。彼は客たちに運転のすべを心得ていることを示す。環境にやさしい運転をこころみる。彼はブレーキをていねいにとりあつかい，信号では静かに停止する。こうした段階をへて，彼は客たちから全幅の信頼をえる。

最近彼はとてもすてきな走行をする機会があった。ある老婦人は今ではもう訪れていない別荘をひと回りすることを切望していた。出発するまえに，彼女の息子が彼に「私はあなたに母さんを託します」と言った。幸い気持ちのいい天気だった。彼らは彼女の所有地を訪れ，すべてがきちんと整頓されているのを確かめることができた。彼女の息子はとても満足だと彼に言った。

(1) フィリップは一日中オフィスのなかにいて働くことが好きではない。
(2) フィリップは人と会うのが嫌いだから，ずっとまえからタクシードライバーになりたかった。
(3) フィリップは4カ月まえに今のタクシー会社に就職した。
(4) フィリップは，難しい場所でもじょうずに運転することによって客たちの信頼をえる。
(5) 最近フィリップは老婦人を，彼女の息子が待つ別荘へ連れて行った。
(6) 好天は老婦人の所有地訪問に幸いした。

5 (94ページ)
(1) ① (2) ② (3) ② (4) ① (5) ② (6) ②

シャルルは35歳で，工場のエンジニアである。稼ぎはいいのだが，会社をやめたいと思っている。ずっと彼の頭のなかにあったのはパ

ン屋業である。なぜかはわからない。家族にパン屋は1人もいないからだ。13歳か14歳のころ，彼のおじが友人たちの1人が経営するパン屋で一夜を過ごさせてくれたことがあった。そのころはすでに彼がパン屋に興味をもっていたからだ。

　現在彼はみずからたくさんの問いかけをしてみる。この職業はほんとうに自分の気に入るだろうか？　パン屋になったら，給料はいくらだろうか？　パン屋の創業にはいくらかかるだろうか？　などと。

　しかし彼にはパン屋の知りあいはいない。彼はときどき行くパン屋に聞いてみたい。彼はルーアンに住んでいる。定評あるパン屋の学校があることも知っている。彼は問い合わせてみた。転職のための職業適性証書は5カ月で作ってもらえる。それは大きな問題ではない。ほんとうの問題は，自分が心からパン屋になりたいと思っているのかどうかを知ることである。一歩踏みだす勇気をもつこと，それが彼の問題である。
(1)工場でエンジニアとして働いているシャルルは職を替えたいと思っている。
(2)シャルルのおじは友人たちの1人が経営するパン屋で働いていた。
(3)シャルルはパン屋業で成功する自信がある。
(4)シャルルはパン屋にたずねたいいくつもの質問がある。
(5)ルーアンにはパン屋の学校はない。
(6)シャルルはすでにパン屋を開業する決心をした。

6 (95ページ)
(1) ①　(2) ②　(3) ①　(4) ①　(5) ②　(6) ②
　2年まえにコリーヌは，夏のあいだ4週間の必修の実習をうけなければならなかった。目的は，職業体験でお金を稼ぐことではなく，学生たちを「基礎となる」ポストに従事するようにしむけて，「幹部」としてではなく「従業員」として働くことによって労働条件の知識を深めることにあった。

　3月からさっそく，彼女は研修先を探し始めた。彼女としてはこの体験を利用してお金を稼ぎたかった。当時はまだ実習で給料を払わなければならないという法律はなかった。中学のときの観察過程の実習のおかげで，本屋で初めての実習を経験していたので，彼女はパリの大きな本屋を志望した。インターネットサイトで一年中店員として学生を募集しているのを見ていたからである。

　彼女の勘は当たっていた。経営者たちは夏の終わりに向けて店員を探していた。学校が新学期を迎えるため本屋にとっては繁忙期だからである。実習をうけるとき，このような好機にあたることはまれである。
(1)学生のとき，コリーヌは4週間の企業実習をうけなければならなかった。
(2)実習生は労働条件をよりよく知るためにチーフとして働かなければならなかった。
(3)コリーヌは実習生として働くことによってお金を稼ぎたかった。
(4)中学生のとき，コリーヌはすでに本屋で実習をうけたことがあった。
(5)コリーヌは一年中店員として学生を募集しているパリの本屋に就職した。
(6)本屋はヴァカンスの終わるころは客足が遠のく。

7　会話文完成

1 (98ページ)

(1) ①　(2) ②　(3) ①　(4) ③　(5) ②

ジャンヌ：もしもし，マチルド？
マチルド：ええ，こんにちは。ジャンヌ？
ジャンヌ：うん，私よ。久しぶり！　元気？
マチルド：**元気じゃないの**。疲れて死にそう。最近仕事が多くて。
ジャンヌ：ちょうど，あなたのためにいいことを提案しようと思っていたの。
マチルド：**なにをするの？**
ジャンヌ：プロヴァンス地方に住むおじがいるの。私の大好きなおじさんなの。**彼は農園を持っているの**。幼かったころ，よくそこに行ったわ。それが楽しみだった。とくに馬の世話をするのが。
マチルド：馬？　週末を馬の世話をして過ごせというの？　死んじゃうわよ！
ジャンヌ：やめて！　**真剣なんだから**。彼は大きな農場を持っているわ。長時間の散歩もできるし，新鮮なおいしい空気も吸えるし，**地元の食材を食べる**こともできるわ。
マチルド：うん…。
ジャンヌ：とにかく，ジョゼおじさんはいいよって言っているわ。彼はおもしろいだけでなくて，自分の仕事に熱心なの。

(1) ①元気じゃないの
　　②明日マルセイユに行くの
　　③とても元気よ。ありがとう
(2) ①あなたには関係ないわ
　　②なにをするの
　　③たしか
(3) ①彼は農園を持っているの
　　②彼は年金生活者なの
　　③彼の名前はジョゼっていうの
(4) ①嘘をついたの
　　②私はまだ若いわ
　　③真剣なんだから
(5) ①買いものをする
　　②地元の食材を食べる
　　③コンピューターで仕事をする

2 (99ページ)

(1) ③　(2) ②　(3) ①　(4) ③　(5) ②

アリーヌ：もう嫌…　**お財布を盗まれた**！
クロード：かわいそうなアリーヌ…　でも，それはどこでだ？
アリーヌ：**地下鉄の中で**。バスに乗っていたときはかばんの中にあったのは確かだもの。確かよ，だって地下鉄に乗るまえにハムのサンドイッチを買ったんだから。
クロード：**お金は？**
アリーヌ：あまり入っていなかった。せいぜい50ユーロだと思う。でも，クレジットカードと学生証，それに大切な写真が入っていたの。
クロード：カード支払い停止のために電話しなさい。そして警察に行きなさい。
アリーヌ：ええ，それは**すぐに**するわ。そのあと警察署に**盗難**申請に行きます。ところで，警察署はどこだったっけ？
クロード：**インターネットで**探しなさい。でも，まず支払い停止の電話をしなさい。

(1) ①プレゼントをもらったの
　　②子ども扱いされた
　　③お財布を盗まれた
(2) ①バスの中で
　　②地下鉄の中で
　　③わからないわ
(3) ①お金は
　　②サンドイッチは
　　③どうしたんだ
(4) ①1週間後に
　　②あとで
　　③すぐに
(5) ①やる価値がある

②インターネットで探しなさい
③ほうっておきなさい

3 (100ページ)
(1)③　(2)③　(3)③　(4)③　(5)③

アンドレ：ああ，おはよう，レナ。ご家族は元気かね？

レナ：ええ，ありがとう。みんな元気よ。私，バカロレアに合格したの。

アンドレ：**おめでとう！**

レナ：大学に登録するわ。パリで演劇の勉強をするつもりなの。

アンドレ：パリだって？　**何という考えじゃ！**　でもどうしてパリなんだい？　わしがあんたの立場なら，エクサンプロヴァンスに行くがな。近いし，それに良い教授もいるし…。

レナ：ええ，でも私はパリに行きたいの。

アンドレ：**でも生活費がかかるだろう**，あちらじゃ。それに，パリではあんたが思っている以上に人が冷たいよ…。

レナ：古典演劇ではパリの方が優れているわ。それに，出かけられる場所も多いし，演劇も見られるし，人との出会いも多いでしょう。毎日なにかイヴェントがあるだろうし！

アンドレ：わしはパリじゃ絶対暮らせんね。絶対に無理だ！　人がどうかしている。いつも急いでいて，**彼らは人生を楽しむことができない。**少なくとも，だれかあっちに知りあいはいるんだろう。

レナ：いいえ，だれも知りあいはいないわ，**でもそんなの大したことじゃないの。**大都市なら安心よ。それがいいの。

(1)①君の願いがかなうように
②残念だね
③おめでとう

(2)①まったく思いつかないな
②いい考えだね
③何という考えだろう

(3)①じゃあ私も行こう
②好きだ
③でも生活費がかかるだろう

(4)①まったく当然のことだ
②彼らは自分自身のことさえできない
③彼らは人生を楽しむことができない

(5)①それで私はちょっと心配なの
②それであちらに行くのが恐いの
③でもそんなの大したことじゃないの

4 (101ページ)
(1)①　(2)②　(3)①　(4)①　(5)③

ジャンヌ：ヴェリヴって知ってる？

アンヌ：ええ，とてもいい思いつきだわ。ほんとうに便利よね，安い料金でどこでも借りられるし…　それに，**自転車は車よりも騒音も汚染も少ない**でしょ？　自転車に乗った人たちを見て。ふつうよりも落ち着いて，楽しそうだわ。生活の質としては**より良いわね。**

ジャンヌ：そうね，あの自転車は**レンタルなの。**悪くないわね。でも私は，自分自身のものに乗るほうがいいわ。その方が安上がりだし。夫は通勤に自分の自転車に乗っているわ。

アンヌ：でも，個人的には車の方がいいわね。そのほうが**より安全でより疲れない。**

ジャンヌ：けれどヴェリブは街中でスポーツをするには**理想的ね。**公共交通機関よりも自由だし。

(1)①騒音も汚染も少ない
②騒音は少ないが汚染は多い
③騒音は多いが汚染は少ない

(2)①凡庸ね
②より良いわね
③より悪いわね

18

(3) ① レンタルの
　　② 中古の
　　③ 売り物の
(4) ① より安全でより疲れない
　　② より安全でより疲れる
　　③ より危険でより疲れない
(5) ① 危険ね
　　② 難しいわ
　　③ 理想的ね

5 (102ページ)
(1) ①　(2) ①　(3) ①　(4) ③　(5) ③
ルイーズ：ねえ，この写真見て。**私の弟**がどこにいるか当ててみて。
クレール：肘掛椅子に座っている人？
ルイーズ：ううん，それは私のおじさんよ。
クレール：じゃあ，短髪の人？
ルイーズ：ええ，そのとおり。私よりも15歳年下なの。
クレール：若いわね。まるで**あなたの息子**みたい！
ルイーズ：今度は娘がどこにいるか当ててみて。
クレール：**簡単よ**，メガネをかけている子でしょ？
ルイーズ：そのとおり。彼女のことどう思う？
クレール：**あなたに似ていて**，かわいいわね。隣にいる女性はだれ？
ルイーズ：私の母よ。
クレール：**うそでしょう！** あなたのお姉さんだと思ってたわ！

(1) ① 私の弟
　　② 私のおじ
　　③ 私の父
(2) ① あなたの息子
　　② あなたの兄弟
　　③ あなたのお父さん
(3) ① 簡単よ
　　② 不可能よ
　　③ ありえるわ
(4) ① 疲れているみたい

　　② あなたに似てなくて
　　③ あなたに似ていて
(5) ① 明白よ
　　② あたりまえよ
　　③ うそでしょう
注：(3) はすぐに答えがわかり「簡単」なので，(4) は当然，「あなたに似ている」ことになる。

6 (103ページ)
(1) ③　(2) ②　(3) ②　(4) ①　(5) ③
ロクサーヌ：ようこそマリー。座って。なにか飲みたい？
マリー：**お水を1杯だけ，お願い**。
ロクサーヌ：すぐに持ってきてあげる。
マリー：あなたのお家，すてきね。リビングに面したキッチンがいいわ。
ロクサーヌ：ええ，**閉ざされたキッチンはきらいなの**。料理するとき，会話や音楽を聴いていたいの。
マリー：わかるわ。料理に関してだけど，このまえの晩，私の誕生日にモーリスがどこに連れて行ってくれたと思う？
ロクサーヌ：アンドレの店？
マリー：いいえ，「ムーリス」よ。
ロクサーヌ：あら，すごくシックなお店じゃない。
マリー：料理がおいしいだけじゃなくて，一品一品が芸術品なのよ。**見栄えがすばらしいの**。
ロクサーヌ：シェフの名前，何て言うの？
マリー：クリストフ・サンターニュ。ミシュランガイドで3つ星をとったのよ。彼の料理は特別よ！
ロクサーヌ：きっと**お勘定**もでしょ！
マリー：それは見ていないわ。でも，時々多少の贅沢をするのもいいと思わない？
ロクサーヌ：もちろんよ，**思い出になるわよね**。

(1) ① なにもいらないわ。ありがとう
　　② いただくわ，ありがとう

③お水を1杯だけ，お願い
(2)①ほとんど料理はしないの
　　②閉ざされたキッチンはきらいなの
　　③料理するのは嫌なの
(3)①まったく関係ないわ
　　②見栄えがすばらしいの
　　③見栄えだけがすばらしいの
(4)①お勘定
　　②おもてなし
　　③室内（レストランの内装）
(5)①ちょっと落胆させるわよね
　　②後悔させるわよね
　　③思い出になるわよね

書き取り問題

1 (106ページ) 001~004

　Paul travaille à l'université de Nantes. Il enseigne le français aux étudiants étrangers depuis 9[neuf] ans. Sa femme est aussi institutrice. Chaque week-end, ils vont à la campagne avec leur petite fille qui n'a que 6[six] ans.

訳：ポールはナント大学で働いている。彼は9年前から外国人学生にフランス語を教えている。彼の奥さんも教師である。毎週末，彼らはまだ6歳の幼い娘を連れて田舎へ行く。

2 (107ページ) 005~008

　Je suis à Lyon depuis une semaine. La ville est très belle. J'aime me promener dans les rues et regarder les vitrines des magasins. Hier, j'ai visité la vieille ville. Aujourd'hui, je vais au concert avec des amis. Demain, je vais assister au match de tennis.

訳：私は1週間まえからリヨンに来ている。この町はとても美しい。私は通りを散歩したり，商店のショーウインドーを眺めるのが好きだ。きのう私は旧市街を訪れた。今日は友人たちとコンサートへ行く。あすはテニスの試合を観戦するつもりだ。

3 (107ページ) 009~012

　J'ai passé une bonne journée hier. J'ai travaillé à la bibliothèque et puis j'ai déjeuné avec un de mes amis. Nous avons parlé assez longtemps de nos vacances d'été et nous avons décidé de faire un voyage en France. Il a déjà commencé à apprendre le français.

訳：私はきのう楽しい1日を過ごした。図書館で勉強して，次に友人の1人と昼食を食べた。私たちはかなり長い時間夏の休暇について話して，フランス旅行をすることに決めた。彼はもうフランス語を習い始めた。

4 (107ページ) 013~016

Je reviens du mariage des amoureux. Il y a eu des moments classiques et émouvants. La mariée, avec sa belle robe blanche, a pleuré à la sortie de la mairie. Le père de la mariée a fait un beau discours. Mais il y a eu un moment triste. À la fin de la soirée, le marié a dansé avec une autre femme pendant que la mariée dormait.

訳：私は恋人たちの結婚式から帰ってきた。古典的で感動的な瞬間があった。美しい白いドレスを着た新婦は市役所を出るとき泣いていた。新婦の父親は立派なスピーチをした。しかし，悲しい瞬間もあった。パーティーの終盤に，新婦が眠っているあいだ新郎がほかの女性とダンスをした。

5 (108ページ) 017~020

C'est le mois de juillet. Mon fils vient de réussir son baccalauréat. Il ira à l'université à Paris. Les cours commenceront au mois d'octobre. Mais il a déjà beaucoup de choses à faire pour la rentrée universitaire. Il va bientôt commencer à chercher un appartement. Il craint de ne pas en trouver un facilement.

訳：7月です。私の息子はバカロレアに合格したばかりです。彼はパリの大学へ行きます。授業は10月に始まる。しかし大学の新学期に向けてすでにやらなければならないことは山ほどあります。彼はもうすぐアパルトマンを探し始めます。彼はそれが簡単には見つからないのではないかと心配しています。

6 (108ページ) 021~024

Je me suis levée à 6[six] heures ce matin. Je me suis habillée et j'ai preparé le petit déjeuner avec mon mari. J'ai emmené les enfants à l'école. J'ai pris le bus pour aller au travail. J'y suis arrivée à 9[neuf] heures. Je me suis assise devant l'ordinateur, j'ai travaillé toute la journée. Je suis partie du bureau à 18[dix-huit] heures.

訳：私はけさ6時に起きた。服を着替えて夫と朝食の準備をした。私は子どもたちを学校へ送って行った。私は職場へ行くためにバスに乗った。私はそこに9時に着いた。私はパソコンのまえに座り，一日中働いた。私は会社を18時に出た。

聞き取り問題

1 会話文

1 (110ページ) 025~029

(1) (fatigué) (semaines)
(2) (voyage) (étranger)
(3) (intention)　(4) (2)
(5) (conseille) (consommation)

●読まれるテキスト

Le médecin: Eh bien, monsieur. De quoi s'agit-il ?
Jean: Je suis vraiment très fatigué.
Le médecin: Ça fait longtemps que vous êtes fatigué ?
Jean: Depuis plusieurs semaines.
Le médecin: Vous êtes stressé par votre travail ?
Jean: Non, pas vraiment, mais je voyage beaucoup à l'étranger, alors c'est fatigant.
Le médecin: Vous fumez ?
Jean: Oui.
Le médecin: Vous faites du sport ?
Jean: Non, mais j'ai l'intention d'en faire.
Le médecin: Quand avez-vous pris des vacances pour la dernière fois ?
Jean: Ça fait deux ans à peu près.
Le médecin: Je vous conseille de prendre trois semaines de vacances, de faire un peu de sport, de limiter votre consommation de cigarettes, et je pense que vous allez vous sentir beaucoup mieux.

●読まれる質問と返答

(1)— Quel est le problème de Jean ?
　— Il est vraiment très **fatigué** depuis plusieurs **semaines**.
(2)— Pourquoi Jean est-il stressé par son travail ?
　— Parce qu'il **voyage** beaucoup à l'**étranger**.
(3)— Jean fait du sport ?
　— Non, mais il a l'**intention** d'en faire.
(4)— Jean prend souvent des vacances ?
　— Non, ça fait **2**[deux] ans à peu près qu'il n'a pas pris de vacances.
(5)— Quel conseil le médecin donne-t-elle à Jean ?
　— Elle lui **conseille** de prendre des vacances, de faire du sport, et de limiter sa **consommation** de cigarettes.

●読まれるテキスト

医者：さて，どうしたんですか？
ジャン：私はほんとうにとても疲れている。
医者：疲れるようになってずいぶんになりますか？
ジャン：何週間もまえからです。
医者：仕事でストレスがたまっていますか？
ジャン：いいえ，それほどは。ただ，私はよく外国へ旅行します。だからそれは疲れます。
医者：たばこは吸いますか？
ジャン：はい。
医者：スポーツはしますか？
ジャン：いいえ，でもやるつもりです。
医者：前回は，いつ休暇をとりましたか？
ジャン：（最後に休暇をとってから）ほぼ2年になります。
医者：3週間の休暇をとること，少しスポーツをすること，それと喫煙を制限す

ることをおすすめします。そうすれ
ばはるかに気分がよくなると思いま
すよ。

●読まれる質問と返答
(1) ―ジャンが抱えている問題は何ですか？
　　―彼は何週間もまえからほんとうにとても**疲れています**。
(2) ―なぜジャンは仕事でストレスがたまるのですか？
　　―彼はよく**外国**へ**旅行する**からです。
(3) ―ジャンはスポーツをしますか？
　　―いいえ，しかしやる**つもり**です。
(4) ―ジャンはよく休暇をとりますか？
　　―いいえ，休暇をとらなくなってほぼ**2年**になります。
(5) ―医者はジャンにどのようなアドバイスをしますか？
　　―彼女は彼に休暇をとること，スポーツをすること，それと**喫煙**を制限することを**すすめます**。

2 (111ページ) 🔊 030~034
(1) (précis)　(2) (parents)　(3) (sûr)
(4) (quitter)　(passer)
(5) (impression)　(croit)　(6) (dernière)

●読まれるテキスト
Thomas : Qu'est-ce que tu comptes faire ce week-end ? Tu as des projets ?
　Claire : Non, rien de bien précis.
Thomas : J'ai envie de revoir les châteaux de la Loire. Je me souviens de les avoir visités avec mes parents, sans être vraiment sûr de quand !
　Claire : C'est une bonne idée de passer un week-end là-bas. Moi, je suis toujours d'accord pour quitter la ville.
Thomas : Tu crois qu'on pourrait y aller sans réserver de chambre à l'hôtel ?
　Claire : Je ne sais pas. Je vais regarder sur Internet. Où est-ce que tu voudrais aller ? Vers Chambord ?
Thomas : Oui, pourquoi pas ? Mais j'ai l'impression d'y être déjà allé. En revanche, je ne crois pas avoir vu Chenonceau.
　Claire : Dans ce cas, on pourrait commencer par Chenonceau. Je vais regarder dans le guide. On en a un, non ?
Thomas : Oui, j'en ai acheté un l'année dernière.

●読まれる質問と返答
(1) ―Claire a des projets pour ce week-end ?
　　―Non, elle n'a rien de bien **précis**.
(2) ―Est-ce que Thomas a déjà visité les châteaux de la Loire ?
　　―Oui, il les a visités avec ses **parents**.
(3) ―Thomas se souvient de quand il a visité les châteaux de la Loire ?
　　―Pas très bien, il n'est pas **sûr** de quand.
(4) ―Pourquoi est-ce que Claire est d'accord pour visiter les châteaux de la Loire ?
　　―Parce qu'elle a envie de **quitter** la ville et de **passer** un week-end au bord de la Loire.
(5) ―Thomas n'a vu ni Chambord ni Chenonceau ?
　　―Il a l'**impression** d'être déjà allé à Chambord mais il ne **croit** pas avoir vu Chenonceau.
(6) ―Thomas a un guide ?

—Oui, il en a acheté un l'année **dernière**.

●読まれるテキスト
トマ：今週末なにをするつもり？ 計画はあるの？
クレール：いいえ，とくになにも。
トマ：ぼくはもう一度ロワール川のお城がみたい。両親と訪れたのを覚えている。いつだったかは定かではないけれど！
クレール：あちらで週末を過ごすというのはいい考えだわ。都会を離れることにはいつも賛成よ。
トマ：ホテルの部屋を予約しないで行ってもいいと思う？
クレール：わからないわ。ネットで見てみましょう。どこへ行きたいの？ シャンボール城のほう？
トマ：うん，いいねえ。でもそこへはすでに行ったことがあるような気がする。反対に，シュノンソー城は見たことがないと思う。
クレール：だったら，シュノンソー城から見学を始めることにしましょうよ。ガイドブックで見ておくわ。ガイドブックはあるわよね？
トマ：うん，去年1冊買ったから。

●読まれる質問と返答
(1)—クレールには今週末の計画はありますか？
—いいえ，**とくに**なにもありません。
(2)—トマはすでにロワール川のお城を訪れたことがありますか？
—はい，**両親**といっしょに訪れたことがあります。
(3)—トマはいつロワール川のお城を訪れたか覚えていますか？
—よくは覚えていません，いつだったかは**確か**ではありません。
(4)—なぜクレールはロワール川のお城を訪れることに賛成なのですか？
—彼女は都会を**離れ**，ロワール川のほとりで週末を**過ごし**たいからです。
(5)—トマはシャンボール城もシュノンソー城も見たことがないのですか？
—シャンボール城にはすでに行ったことがあるような**気**がするけれど，シュノンソー城は見ていないと**思っています**。
(6)—トマはガイドブックをもっていますか？
—はい，彼は**去年**1冊買いました。

3 (112ページ) 035~039
(1) (entrée) (village)　(2) (ancienne)
(3) (1850) (fermier)　(4) (1959)
(5) (vendre)　(6) (abandonné)

●読まれるテキスト
Mme Bilier：Bonjour, monsieur, j'ai une question à propos de la grande maison ancienne à l'entrée du village. Est-ce que vous pouvez me donner quelques renseignements sur la maison ?
L'agent：Bien sûr, madame. Cette maison est située sur un terrain* très ancien.
Mme Bilier：Quand est-ce que la maison a été construite ?
L'agent：Elle a été construite en 1850 par un fermier de la région, puis elle a été vendue au début du XXe siècle à des Parisiens. Mais après leur mort, en 1959, la maison a été revendue à un médecin, un neveu.
Mme Bilier：La maison est ainsi restée dans la même famille ?
L'agent：Oui, jusqu'en 1988.

　　　　　　　　Ensuite, elle a été revendue, et transformée en auberge dans les années 1990. L'auberge a fermé et maintenant, la maison est à vendre.
Mme Bilier : Est-ce qu'il y a un jardin ?
　L'agent : Oui, il y a un grand jardin, mais il a été complètement abandonné.　Alors, vous voulez visiter la maison ?
Mme Bilier : Oui, avec plaisir !

*terrain：土地

●読まれる質問と返答
(1)―Où est la maison sur laquelle madame Bilier demande des renseignements ?
　―Elle est à l'**entrée** du **village**.
(2)―Comment est cette maison ?
　―Elle est grande et **ancienne**.
(3)―Quand est-ce que la maison a été construite ?
　―Elle a été construite en **1850** par un **fermier** de la région.
(4)―En quelle année est-ce que la maison a été revendue à un médecin ?
　―En **1959**.
(5)―Qui habite la maison maintenant ?
　―Personne ne l'habite.　Elle est à **vendre**.
(6)―Comment est le jardin de cette maison ?
　―Il a été complètement **abandonné**.

●読まれるテキスト
ビリエ夫人：こんにちは，村の入り口にある大きな古い家について聞きたいことがあります。あの家についていくつか教えてくださいますか？

不動産業者：もちろんです。あの家はとても古い土地に位置しています。
ビリエ夫人：あの家はいつ建てられたのですか？
不動産業者：1850年にこの地方の農夫によって建てられました。そのあと20世紀初頭にパリの人たちに売られました。しかし彼らが亡くなったあと，1959年にあの家はおいである医者に転売されました。
ビリエ夫人：そうして家はずっと同じ家族のものだったのですか？
不動産業者：そうです，1988年まではね。その後，転売され，1990年代にオーベルジュに改装されました。そのオーベルジュも廃業して，今は売り家になっています。
ビリエ夫人：庭はありますか？
不動産業者：はい，広い庭があります。しかし，完全に放置されたままです。で，家を見たいですか？
ビリエ夫人：ええ，喜んで！

●読まれる質問と返答
(1)―ビリエ夫人が問い合わせている家はどこにありますか？
　―それは**村**の**入り口**にあります。
(2)―その家はどんな様子ですか？
　―それは大きくて**古い**です。
(3)―家はいつ建てられましたか？
　―それは，**1850**年にその地方の**農夫**によって建てられました。
(4)―家が医者に転売されたのは何年ですか？
　―**1959**年です。
(5)―家には今だれが住んでいますか？
　―そこにはだれも住んでいません。**売り家**になっています。
(6)―その家の庭はどんな様子ですか？
　―それは完全に**放置**されています。

4 (113ページ) 040~044
(1) (bourse) (2) (élevés)
(3) (reprendre) (soir) (4) (dur)
(5) (toujours) (près)
(6) (heureusement)

●読まれるテキスト

Louise : Salut Luc !
　Luc : Salut Louise !
Louise : Ça ne va pas ?　Qu'est-ce que tu as ?
　Luc : Problème d'argent.　Je viens d'apprendre que je n'aurai pas de bourse* cette année.
Louise : Mais pourquoi ?
　Luc : Les revenus de mes parents sont trop élevés depuis que ma mère a recommencé à travailler, et pourtant ils ne sont pas riches, tu sais.
Louise : Qu'est-ce que tu vas faire ?
　Luc : Je vais reprendre mon petit boulot au restaurant le soir. C'est dur de se lever pour aller aux cours quand on travaille jusqu'à une heure du matin.
Louise : Tu as toujours ta chambre près du Parc Montsouris ?
　Luc : Oui, heureusement j'ai un petit loyer.
Louise : Bon, allez, viens ! Je t'offre un café !

*bourse : 奨学金

●読まれる質問と返答

(1)―Quel est le problème de Luc ?
　―Il n'aura pas de **bourse** cette année.
(2)―Quelle est la relation entre le problème de Luc et ses parents ?
　―Les revenus de ses parents sont trop **élevés**.
(3)―Est-ce que Luc pense trouver une solution à son problème ?
　―Oui, il va **reprendre** son petit boulot au restaurant le **soir**.
(4)―Est-ce que Luc va aller aux cours après avoir travaillé jusqu'à une heure du matin ?
　―Oui, mais c'est **dur** de se lever pour aller aux cours.
(5)―Où est-ce que Luc habite ?
　―Il a **toujours** sa chambre **près** du Parc Montsouris.
(6)―Est-ce que Luc paye cher son loyer ?
　―Non, **heureusement** il a un petit loyer.

●読まれるテキスト

ルイーズ：こんにちは，リュック！
リュック：やあ，ルイーズ！
ルイーズ：元気ないわね？　どうしたの？
リュック：金銭問題だよ。今年は奨学金をもらえないことがわかったんだ。
ルイーズ：でも，どうして？
リュック：母が仕事を再開してから，両親の収入が高すぎるんだ。といっても，彼らは裕福じゃないのにねえ。
ルイーズ：どうするつもり？
リュック：夜，レストランのアルバイトをまた始めるよ。午前1時まで働くと授業に出るために起きるのはつらい。
ルイーズ：あなたはあいかわらずモンスーリ公園のそばに部屋をもってるの？
リュック：そうだよ，幸い家賃は安い。
ルイーズ：そう，じゃあ来て！　コーヒーをおごるわ。

●読まれる質問と返答

(1)―リュックが抱えている問題は何ですか？
　―彼は今年**奨学金**をもらえないだろう。
(2)―リュックの問題と両親との関連は何ですか？
　―両親の収入が**高**すぎる。

(3) ―リュックは問題の解決法を見つけるつもりですか？
　　―はい，彼は**夜**，レストランのアルバイトを**再開する**つもりです。
(4) ―リュックは午前1時まで働いたあと授業にでるのですか？
　　―そうです，しかし授業にでるために起きるのは**つらい**。
(5) ―リュックはどこに住んでいますか？
　　―彼は**あいかわらず**モンスーリ公園の**そば**に部屋をもっています。
(6) ―リュックは高い家賃を払っていますか？
　　―いいえ，**幸い**家賃は安い。

5 (114ページ) 045~049
(1) (midi)　(2) (18)
(3) (climat)　(ambiance)　(4) (double)
(5) (2e [2ème])　(6) (huile) (produits)

●読まれるテキスト

Grégoire : En vous entendant parler, je crois que vous avez un petit accent.
Laure : J'ai l'accent du midi. Je suis née à Nice et j'ai grandi là-bas jusqu'à l'âge de dix-huit ans.
Grégoire : L'ambiance* de la Côte d'Azur ne vous manque pas trop ?
Laure : Ici, à Grenoble, je dois dire que je me suis habituée à la vie ici. Les gens sont très agréables, mais il me manque le climat et l'ambiance méditerranéens.
Grégoire : On parle de Grenoble comme d'une ville chère. C'est le cas aussi à Nice, j'imagine.
Laure : Grenoble, pour l'immobilier, a beaucoup augmenté ses prix. Mais, à Nice c'est le double. Nice, c'est la 2e [deuxième] ville après Paris pour le coût de l'immobilier.
Grégoire : Est-ce que vous voudriez retourner vivre et travailler à Nice si vous en aviez la possibilité ?
Laure : Oui, je voudrais certes retourner au bord de la Méditerranée parce qu'il y a des choses qui me manquent ici : la cuisine à l'huile d'olive, les produits de la mer.

*ambiance：環境

●読まれる質問と返答

(1) ―Laure a quel accent ?
　　―Elle a l'accent du **midi**.
(2) ―Jusqu'à quel âge est-ce que Laure a grandi à Nice ?
　　―Jusqu'à **18** ans.
(3) ―Qu'est-ce qu'il manque à Laure depuis qu'elle habite Grenoble ?
　　―Il lui manque le **climat** et l'**ambiance** méditerranéens.
(4) ―L'immobilier est plus cher à Nice qu'à Grenoble ?
　　―Oui, à Nice, c'est le **double**.
(5) ―Quel rang est-ce que Nice occupe pour l'immobilier en France ?
　　―Nice est la **deuxième** ville après Paris.
(6) ―Pourquoi est-ce que Laure voudrait retourner au bord de la Méditerranée ?
　　―Parce qu'il y a des choses qui lui manquent : la cuisine à l'**huile** d'olive, les **produits** de la mer.

●読まれるテキスト

グレゴワール：あなたが話すのを聞いている

ロール：と，少し訛りがあるように思えます。

ロール：私には南仏訛りがあります。ニースで生まれて，あちらで18歳まで育ちました。

グレゴワール：コートダジュールの環境はさほど懐かしくありませんか？

ロール：ここ，グルノーブルで，私はここの生活に慣れたと言わなければなりません。人はとても感じがいい，ただ地中海の気候と環境は懐かしいです。

グレゴワール：グルノーブルは物価の高い町だと言われます。それはニースの場合も同じだと思うのですが。

ロール：グルノーブルの不動産はずいぶん値上がりしました。しかし，ニースはその2倍です。不動産の経費についていえば，ニースはパリについで2番目に高い町です。

グレゴワール：できたら，ニースへ帰って生活し，働きたいですか？

ロール：はい，もちろん帰りたいですが，地中海の海辺に。というのは，ここにいると懐かしく思えるいろいろなものがあるからです，オリーブオイルを使った料理とか海産物とか。

●読まれる質問と返答
(1)―ロールにはどんな訛りがありますか？
　―彼女には**南仏**訛りがあります。
(2)―ロールは何歳までニースで育ったのですか？
　―**18**歳までです。
(3)―グルノーブルに住むようになってから，ロールはなにが懐かしいですか？
　―地中海の**気候**と**環境**が懐かしいです。
(4)―不動産はグルノーブルよりニースのほうが高いですか？
　―はい，ニースは2倍です。
(5)―フランスの不動産でニースは何位を占めますか？
　―ニースはパリについで**2位**の町です。
(6)―ロールはなぜ地中海の海辺に帰りたいのですか？
　―オリーブオイルを使った料理とか海産物とか彼女には懐かしいものがいろいろあるからです。

6 (115ページ) 050~054
(1) (entreprise)　(2) (verte)
(3) (adaptée)　(circonstance)
(4) (boutique)　(église)
(5) (fleurs)　(6) (mette)

●読まれるテキスト
Michèle : J'ai un petit conseil à te demander. Demain, j'ai un rendez-vous dans une entreprise pour un nouveau travail. Qu'est-ce que tu me conseilles de mettre ? La jupe rouge ou la jupe verte ?
Frédéric : Tu n'as pas de jupe noire ou grise ? Une jupe noire ou grise sera mieux adaptée à la circonstance.
Michèle : Non, je n'en ai pas.
Frédéric : J'ai vu une jupe noire et élégante.
Michèle : Tu l'as trouvée où ?
Frédéric : Tu connais la nouvelle boutique qui est sur la place de l'église ? C'est là. Elle te plaira, j'en suis sûr. Tu veux que je t'emmène la voir ?
Michèle : Tu es gentil.
Frédéric : Alors, tu as un chemisier ?
Michèle : Je vais porter mon chemisier

à fleurs.
Frédéric : Ah non, surtout pas !　Il vaudrait mieux que tu mettes un simple haut blanc.

● 読まれる質問と返答
(1) — Qu'est-ce que Michèle fait demain ?
　　— Elle a un rendez-vous dans une **entreprise** pour un nouveau travail.
(2) — De quelle couleur est la jupe que Michèle pensait porter ?
　　— Une jupe rouge ou **verte**.
(3) — Pourquoi est-ce que Frédéric conseille une jupe noire ou grise à Michèle ?
　　— Parce qu'elle sera mieux **adaptée** à la **circonstance**.
(4) — Où est-ce que Frédéric a trouvé la jupe qui plaira à Michèle ?
　　— Il l'a trouvée dans la nouvelle **boutique** qui est sur la place de l'**église**.
(5) — Quel chemisier Michèle veut-elle porter ?
　　— Elle veut porter son chemisier à **fleurs**.
(6) — D'après Frédéric, quel chemisier Michèle doit-elle porter ?
　　— Il vaudrait mieux qu'elle **mette** un simple haut blanc.

● 読まれるテキスト
　ミシェル：ちょっと相談したいことがあるの。あす新しい仕事の企業面接があるんだけど。なにを着ていったらいいかしら？　赤いスカートそれとも緑のスカート？
　フレデリク：黒かグレーのスカートはもってないの？　黒かグレーのスカートのほうがその場にふさわしいよ。
　ミシェル：ええ，もっていない。
　フレデリク：ぼくは黒で上品なスカートを見かけたよ。
　ミシェル：どこで見つけたの？
　フレデリク：教会の広場にできた新しい店を知ってる？　そこでだよ。きっと君の気に入るよ。いっしょにそれを見に行きたい？
　ミシェル：ありがとう。
　フレデリク：で，ブラウスはあるの？
　ミシェル：花柄のブラウスを着ていくつもりだけど。
　フレデリク：だめだよ，絶対だめ！　上はシンプルな白いものを着るほうがいいよ。

● 読まれる質問と返答
(1) — ミシェルはあすなにをしますか？
　　— 彼女は新しい仕事の**企業**面接があります。
(2) — ミシェルが着ていこうと思っていたスカートはなに色ですか？
　　— 赤か**緑**のスカートです。
(3) — なぜフレデリクはミシェルに黒かグレーのスカートをすすめるのですか？
　　— そのほうが**その場**に**適合**するからです。
(4) — フレデリクはどこでミシェルの気に入りそうなスカートを見つけましたか？
　　— **教会**の広場にできた新しい**店**でそれを見つけました。
(5) — ミシェルはどのようなブラウスを着ていきたいのですか？
　　— 彼女は**花柄**のブラウスを着ていきたいと思っています。
(6) — フレデリクによれば，ミシェルはどのようなブラウスを着ていくべきですか？
　　— シンプルな白の上着を**着る**ほうがいいでしょう。

2 長文

1 (118ページ) 🎧 055~057

(1) ②　(2) ①　(3) ②　(4) ②　(5) ①　(6) ①
(7) ②　(8) ①　(9) ①　(10) ②

● 読まれるテキスト

Chère Sophie, cher Joseph

Ça y est, nous avons déménagé le mois dernier !

Nous vous invitons à la fête de notre nouvelle maison, le samedi 4 octobre à partir de 18 heures.

Nous commencerons avec un grand buffet au bord de la piscine, il y aura aussi de la musique et après le dîner nous danserons toute la nuit.　Joseph, apporte ta guitare, s'il te plaît.

Si vous voulez, vous pouvez rester tout le week-end.　Une randonnée à bicyclette est organisée le dimanche matin, dans la forêt.

Pour le logement, tout est prévu parce que la maison est grande.　Mais n'oubliez pas d'apporter vos pyjamas et vos brosses à dents.

Nous attendons votre réponse avant le 20 septembre pour avoir le temps de tout organiser.　Nous comptons sur vous.

Grosses bises.

Renée

● 読まれるテキストの内容について述べた文

(1) Renée a déménagé il y a un an.
(2) Renée invite Sophie et Joseph à visiter sa nouvelle maison.
(3) La fête a lieu le samedi 4 octobre à partir de 17 heures.
(4) Renée mettra un grand buffet dans la salle de séjour.
(5) Après le dîner, Renée dansera toute la nuit avec les invités.
(6) Renée demande à Joseph d'apporter sa guitare.
(7) Renée et ses amis feront une randonnée à bicyclette au bord du lac.
(8) Sophie et Joseph peuvent loger quelques jours chez Renée.
(9) Renée dit à Sophie et à Joseph de ne pas oublier leurs pyjamas et leurs brosses à dents.
(10) Sophie et Joseph doivent répondre à Renée avant le 10 septembre.

● 読まれるテキスト

親愛なるソフィー，親愛なるジョゼフ

やったよ，私たちは先月引っ越しました！　10月4日土曜日18時から新居で開くパーティーにおふたりを招待します。

まずプールサイドに大きな立食テーブルをだしてパーティーを始めます。音楽もあるでしょう。夕食後一晩中踊りあかします。ジョゼフ，ギターをもってきてね。

よかったら，週末は泊まっていってもいいです。日曜日の朝は森へのサイクリングが企画されています。

宿泊のための用意は万端整っています。家が広いからです。でも，パジャマと歯ブラシを持ってくるのを忘れないでください。

すべての手はずを整える時間が必要ですから，9月20日までお返事を待っています。私たちはあなたがたにはきっと来てもらえると思っています。

愛をこめて。

ルネ

● 読まれるテキストの内容について述べた文

(1) ルネは1年まえに引っ越した。
(2) ルネはソフィーとジョゼフに新居を見にくるように誘っている。
(3) パーティーは10月4日土曜日の17時から行なわれる。
(4) ルネはリビングルームに大きな立食テーブ

ルをだすだろう。
(5) 夕食後ルネは招待客と夜を徹して踊るだろう。
(6) ルネはジョゼフにギターをもってくるように頼んでいる。
(7) ルネとその友人たちは湖畔をサイクリングするだろう。
(8) ソフィーとジョゼフはルネの家に数日泊まることができる。
(9) ルネはソフィーとジョゼフにパジャマと歯ブラシを忘れないようにと言っている。
(10) ソフィーとジョゼフは9月10日までにルネに返事をしなければならない。

2 (119ページ) 058~060
(1) ① (2) ② (3) ② (4) ① (5) ②
(6) ② (7) ① (8) ① (9) ② (10) ①

●読まれるテキスト

C'est bientôt le départ ! Nous avons déjà fait nos valises.

Avant-hier, 20 juillet, nous avons fait nos dernières visites à nos parents et à nos amis. Nous n'avons oublié personne. Puis nous avons donné les clés de la maison à un ami japonais. Il viendra habiter chez nous.

Hier, 21 juillet, nous avons pris le T.G.V. pour Paris. Et ce matin, 22 juillet, à neuf heures, nous avons pris l'avion pour le Japon. Notre fille est un peu triste parce qu'on a oublié le petit chat à Marseille. Mais notre fils est content : il va visiter Tokyo. Il va connaître le Japon.

●読まれるテキストの内容について述べた文
(1) Les Vence ont déjà fait leurs valises.
(2) Les Vence ont rendu visite à leurs parents et leurs amis hier.
(3) Les Vence ont laissé les clés de la maison à la concierge.
(4) Un ami japonais viendra habiter chez les Vence.
(5) Les Vence ont pris le T.G.V. pour Paris le 20 juillet.
(6) Les Vence ont pris l'avion pour le Japon ce soir.
(7) La fille des Vence est un peu triste.
(8) Les Vence habitent à Marseille.
(9) Les Vence ont un petit chien.
(10) Le fils des Vence est heureux de visiter le Japon.

●読まれるテキスト

もうすぐ出発だ！ 私たちはすでに荷造りをした。

おととい，7月20日に私たちは両親と友人たちに最後のあいさつをしに行った。私たちはだれも忘れなかった。そのあと私たちは家の鍵を日本人の友人に渡した。彼が私たちの家にきて住むことになる。

きのう，7月21日私たちはパリ行きのTGVに乗った。そしてけさ，7月22日の9時に私たちは日本行きの飛行機に乗った。娘は少し悲しそうだ。というのは，小猫をマルセーユに忘れてきたからだ。しかし，息子のほうはうれしそうだ。彼は東京見物をするつもりだ。彼は日本通になるだろう。

●読まれるテキストの内容について述べた文
(1) ヴァンス一家はすでに荷造りをした。
(2) ヴァンス一家は昨日両親と友人たちの家を訪れた。
(3) ヴァンス一家は家の鍵を管理人に預けた。
(4) ヴァンス一家の家には日本人の友人がきて住むだろう。
(5) ヴァンス一家は7月20日にパリ行きのTGVに乗った。
(6) ヴァンス一家は今晩日本行きの飛行機に乗った。
(7) ヴァンス一家の娘は少し悲しそうだ。
(8) ヴァンス一家はマルセーユに住んでいる。
(9) ヴァンス一家は小犬を飼っている。

(10) ヴァンス一家の息子は日本訪問を喜んでいる。

3 (120ページ) 061~063
(1) ②　(2) ②　(3) ①　(4) ②　(5) ②
(6) ②　(7) ①　(8) ①　(9) ②　(10) ①

●読まれるテキスト

　Le dernier dimanche de mai est le jour de la fête des mères.　En France, on offre des cadeaux à sa mère.　Les enfants préparent des petits cadeaux dans les écoles.　Les fleuristes font de bonnes affaires.

　Je suis allée chercher un cadeau dans un grand magasin.　Je vais l'envoyer à ma mère qui habite à Toulon.　Je suis loin de ma famille.　J'habite à Paris, mon frère, aux États-Unis maintenant et ma sœur, en Suisse.　La dernière fois que je les ai vus, c'était pour l'anniversaire de mariage de mes parents, il y a un an.　Je ne peux pas aller chez mes parents avant la fin de l'année universitaire.

●読まれるテキストの内容について述べた文
(1) Le dernier dimanche de juin est le jour de la fête des mères.
(2) Le jour de la fête des mères, les mères achètent des petits cadeaux pour leurs enfants.
(3) Le jour de la fête des mères, les fleuristes sont très occupés.
(4) Caroline est allée acheter des roses chez le fleuriste.
(5) La mère de Caroline habite à Toulouse.
(6) Caroline habite à Paris avec son frère.
(7) La sœur de Caroline habite en Suisse.
(8) Caroline est allée chez ses parents pour leur anniversaire de mariage.
(9) Ça fait deux ans que Caroline n'a pas vu sa famille.
(10) Caroline ne peut pas aller voir ses parents avant la fin de l'année universitaire.

●読まれるテキスト

　5月の最終日曜日は母の日です。フランスでは母親へプレゼントを贈ります。子どもたちは学校でちょっとしたプレゼントを用意します。花屋さんはかき入れどきです。

　私はデパートへプレゼントを探しに行きました。トゥーロンに住んでいる母へプレゼントを送るつもりです。私は家族から遠く離れています。私はパリに，兄［弟］はいまアメリカに，姉［妹］はスイスに住んでいます。私が最後に彼らと会ったのは，1年まえの両親の結婚記念日のときでした。私は大学の年度末まで実家へ行くことはできません。

●読まれるテキストの内容について述べた文
(1) 6月の最終日曜日は母の日である。
(2) 母の日に，母親は子どものためにちょっとしたプレゼントを買う。
(3) 母の日，花屋はとても忙しい。
(4) カロリーヌは花屋へバラを買いに行った。
(5) カロリーヌの母親はトゥールーズに住んでいる。
(6) カロリーヌは兄［弟］といっしょにパリに住んでいる。
(7) カロリーヌの姉［妹］はスイスに住んでいる。
(8) カロリーヌは結婚記念日のときに両親の家へ行った。
(9) カロリーヌは2年間家族に会っていない。
(10) カロリーヌは大学の年度末まで両親に会いに行くことはできない。

4 (121ページ) 064~066
(1) ②　(2) ①　(3) ②　(4) ①　(5) ②
(6) ①　(7) ②　(8) ①　(9) ②　(10) ②

●読まれるテキスト
　J'ai 40 ans.　Je suis guitariste.　Je suis

né en Italie. À 2 ans, mes parents ont divorcé et je me suis installé avec ma mère en France. À 15 ans, j'ai reçu de ma mère ma première guitare. J'ai écrit et composé pour mon groupe. J'ai décidé rapidement de me lancer dans le métier, et je suis parti sur les routes de France. J'ai joué dans des petites salles ainsi que dans des bars. J'ai ainsi eu une grande expérience de la scène. À 24 ans, j'ai été repéré par Sony avec mes amis.

Mon dernier album, sorti en février, est un succès : le style est original, à la fois pop et soul. J'ai passé plusieurs mois à l'écrire.

●読まれるテキストの内容について述べた文
(1) Jérôme a habité en Italie pendant trois ans.
(2) Les parents de Jérôme ont divorcé quand il avait deux ans.
(3) Jérôme s'est installé avec sa mère en France quand il avait trois ans.
(4) La mère de Jérôme lui a donné une guitare quand il avait quinze ans.
(5) Jérôme a écrit et composé pour un musicien célèbre.
(6) Jérôme a décidé rapidement d'entrer dans la carrière de la musique.
(7) Jérôme a joué dans des petites salles et dans des écoles.
(8) Jérôme a attiré l'attention de Sony à l'âge de vingt-quatre ans.
(9) Le dernier album de Jérôme est sorti en janvier.
(10) Jérôme a mis un mois à écrire le dernier album.

●読まれるテキスト
　私は40歳です。ギタリストです。イタリアで生まれました。2歳のとき、両親が離婚して、私は母親といっしょにフランスに移り住みました。15歳のとき、母親から初めてのギターをもらいました。私は私のグループのために作詞作曲をしました。私はすぐにこの業界に身を投じようと決め、フランスツアーに出発しました。私は小さなホールとバーで演奏しました。こうして貴重な舞台経験を積みました。24歳のとき、友人たちといっしょにソニーによって見いだされました。
　2月にでた私の最新アルバムはヒットしています。スタイルはポップスとソウルを合わせたようで独創的です。私はそれを書くのに何カ月もかかりました。

●読まれるテキストの内容について述べた文
(1) ジェロームは3年間イタリアに住んだ。
(2) ジェロームの両親は彼が2歳のとき別れた。
(3) ジェロームは3歳のとき母親といっしょにフランスに移り住んだ。
(4) ジェロームの母親は彼が15歳のときギターをあたえた。
(5) ジェロームはある有名なミュージシャンのために作詞作曲した。
(6) ジェロームはすぐに音楽業界に入ろうと決めた。
(7) ジェロームは小さなホールと学校で演奏した。
(8) ジェロームは24歳のとき、ソニーの関心をひいた。
(9) ジェロームの最新アルバムは1月にでた。
(10) ジェロームは最新アルバムを書くのに1カ月を要した。

5　(122ページ)　067~069
(1) ②　(2) ①　(3) ②　(4) ②　(5) ①
(6) ①　(7) ②　(8) ①　(9) ①　(10) ②

●読まれるテキスト
　Samedi, je dois repeindre une pièce avec mon mari. L'odeur de la peinture me rend toujours malade. J'ai donc acheté une peinture sans odeur. Il

faudra une bonne journée pour finir toute la pièce. Je préfère payer quelqu'un pour le faire. Mais mon mari n'est pas d'accord avec moi. Il me dit souvent : « Tu sais combien ça coûte ? ». Il préfère dépenser l'argent à autre chose : acheter des livres, aller au cinéma, au théâtre, au restaurant.

Dimanche, on doit changer la disposition des meubles. Après ça, on ira voir une table au magasin de meubles. La table du salon ne nous plaît pas beaucoup. Cette table est trop basse et elle n'est pas pratique.

●読まれるテキストの内容について述べた文
(1) Dimanche, Judith doit repeindre une pièce avec son mari.
(2) Judith n'aime pas du tout l'odeur de la peinture.
(3) Judith a acheté une peinture qui a une bonne odeur.
(4) Il faudra deux jours pour repeindre toute la pièce.
(5) Judith voulait demander à quelqu'un de repeindre la pièce.
(6) Le mari de Judith ne veut pas faire beaucoup de frais pour repeindre la pièce.
(7) Le mari de Judith préfère dépenser l'argent à voyager à l'étranger.
(8) Dimanche, Judith doit changer la disposition des meubles avec son mari.
(9) Judith et son mari iront voir une table au magasin de meubles.
(10) La table du séjour ne plaît pas beaucoup à Judith et à son mari parce que cette table est trop haute.

●読まれるテキスト
　土曜日私は夫といっしょに部屋のペンキの塗り替えをしなければならない。ペンキの臭いで私はいつも気分が悪くなる。だから無臭のペンキを買った。部屋全体を塗りおえるにはまる1日かかるだろう。私は人にお金を払って塗り替えをやってもらうほうがいい。しかし，夫は私の意見に同意しない。彼はよく「それがいくらかかるか知ってるの？」と私に言う。彼はお金をほかのこと—本を買ったり，映画や芝居を見に行ったり，レストランへ食事をしに行ったり—につかうほうがいい。

　日曜日私たちは家具の配置換えをしなければならない。そのあと，家具屋へテーブルを見に行くだろう。応接間のテーブルが私たちにはあまり気に入らない。そのテーブルは低すぎるし，実用的ではない。

●読まれるテキストの内容について述べた文
(1) 日曜日，ジュディットは夫といっしょに部屋のペンキの塗り替えをしなければならない。
(2) ジュディットはペンキの臭いがまったく好きではない。
(3) ジュディットは香りのいいペンキを買った。
(4) 部屋全体を塗るには2日かかるだろう。
(5) ジュディットは部屋のペンキの塗り替えをだれかに頼みたかった。
(6) ジュディットの夫は部屋のペンキ塗り替えに多くの費用を費やしたくない。
(7) ジュディットの夫は外国旅行にお金を遣うほうがいい。
(8) 日曜日，ジュディットは夫と家具の配置換えをしなければならない。
(9) ジュディットとその夫は家具屋へテーブルを見に行くだろう。
(10) リビングのテーブルは，高すぎるので，ジュディットにも夫にもあまり気に入っていない。

6 (123ページ) 070~072
(1) ②　(2) ②　(3) ①　(4) ①　(5) ②
(6) ①　(7) ①　(8) ②　(9) ②　(10) ①

●読まれるテキスト

　Dimanche 30 septembre, comme c'est devenu chaque année une tradition, rendez-vous au Jardin des Plantes, pour participer à « La Course de l'Espoir ». Cette course est organisée pour récolter des fonds pour vaincre la maladie des poumons, qui empêche de respirer normalement.　Cette maladie atteint très souvent de jeunes enfants.

　Pour la 25e édition, l'acteur François Cluzet, qui a fondé la course, viendra encourager les 1 500 coureurs inscrits au départ de la course, une boucle de dix kilomètres qui s'élancera à neuf heures du Jardin des Plantes.　Une course sera aussi organisée pour les 9-14 ans, pour qu'eux aussi puissent donner leur souffle à ceux qui en manquent.

●読まれるテキストの内容について述べた文

(1) « La Course de l'Espoir » a lieu le dimanche 23 septembre.
(2) « La Course de l'Espoir » est devenue tous les deux ans une tradition.
(3) Ceux qui veulent participer à « La Course de l'Espoir » doivent venir au Jardin des Plantes.
(4) Cette course a pour but de récolter des fonds pour guérir la maladie des poumons.
(5) Cette maladie des poumons n'atteint que de jeunes enfants.
(6) Cette manifestation atteint sa 25e année.
(7) François Cluzet est un acteur qui a fondé la course.
(8) 500 coureurs s'engageront dans cette course.
(9) Les coureurs prendront le départ à dix heures, du Jardin des Plantes.
(10) Il y a aussi une course qui est organisée pour les enfants de 9-14 ans.

●読まれるテキスト

　毎年の恒例となっているように，9月30日日曜日に「希望のレース」に参加するために植物園に集まりましょう。このレースは，正常な呼吸ができなくなる肺の病に打ち勝つための基金を集めるために企画されています。幼い子どもたちがよくこの病気に罹患します。

　25回目となる今回は，レースを設立した俳優のフランソワ・クリュゼが，植物園から9時にスタートする周回10キロのレースの出発地点に，1500名の登録選手を応援に来るでしょう。9歳から14歳のレースも企画されます。彼らもまたすぐに息切れする病気の人たちに息吹をあたえることができるようにです。

●読まれるテキストの内容について述べた文

(1)「希望のレース」は9月23日日曜日に開催される。
(2)「希望のレース」は2年おきの恒例となった。
(3)「希望のレース」に参加したい人は植物園に来なければならない。
(4) このレースの目的は，肺の病を治すための基金を集めることである。
(5) この肺の病には幼い子どもしか罹患しない。
(6) この催しは25年目になる。
(7) フランソワ・クリュゼはレースを設立した俳優である。
(8) 500名のランナーがこのレースに参加するだろう。
(9) ランナーは10時に植物園を出発するだろう。
(10) 9歳から14歳の子どもたちのために企画されているレースもある。

2次試験

① (128ページ) 音読見本 🔘 073
　Question 🔘 074
　Question & 解答例 🔘 075

●文章に関する質問と解答例
Question 1 :
Simon et Nicolas, qu'est-ce qu'ils aiment faire ?
— Ils aiment beaucoup pêcher.

Question 2 :
Quand est-ce qu'ils arrivent à la plage ?
— Ils y arrivent très tôt le matin.

●イラストに関する質問と解答例
Question 3 :
Il y a une famille au bord de la mer. Qu'est-ce qu'ils font ?
— Ils mangent des sandwichs.

Question 4 :
Combien de personnes y a-t-il sur la plage ?
— Il y en a six.

Question 5 :
Qu'est-ce qu'il y a sur la mer ?
— Il y a un bateau.

●カードの文章
　シモンにはニコラという名前の弟がいます。シモンとニコラは釣りが大好きです。毎週末，彼らは家の近くの海岸へ自転車ででかけます。彼らは早朝にやってきて，夕方までそこにいます。

●文章に関する質問と解答例
(1) シモンとニコラはなにをするのが好きですか？
　　―彼らは釣りをするのが大好きです。
(2) 彼らはいつ海岸につきますか？
　　―彼らは朝とても早くそこにつきます。

●イラストに関する質問と解答例
(3) 海岸に家族がいます。彼らはなにをしていますか？
　　―彼らはサンドイッチを食べています。
(4) 海岸には何人の人がいますか？
　　―6人います。
(5) 海上にはなにがありますか？
　　―船があります。

② (129ページ) 音読見本 🔘 076
　Question 🔘 077
　Question & 解答例 🔘 078

●文章に関する質問と解答例
Question 1 :
En quelle saison sommes-nous ?
— Nous sommes au printemps.

Question 2 :
Comment sont les arbres ?
— Ils ont des feuilles vertes et des fleurs roses ou blanches.

●イラストに関する質問と解答例
Question 3 :
Les enfants, qu'est-ce qu'ils font ?
— Ils jouent au football.

Question 4 :
À droite, il y a une femme. Qu'est-ce qu'elle fait ?
— Elle promène son chien. / Elle se promène avec son chien.

Question 5 :
Combien d'arbres y a-t-il ?
— Il y en a cinq.

●カードの文章
　春です。5月の第3日曜日です。ブリジットは窓から外を眺めています。晴天で，太陽が輝き，風はありません。木々は緑の葉がしげり，ピンクや白の花をつけています。

●文章に関する質問と解答例
(1) 今はどんな季節ですか？

―春です。
(2) 木々はどんな様子ですか？
　　　―緑の葉をしげらせ，ピンクや白の花をつけています。

●文章に関する質問と解答例
(3) 子どもたちはなにをしていますか？
　　　―彼らはサッカーをしています。
(4) 右側に女性がいます。彼女はなにをしていますか？
　　　―彼女は犬を散歩させています。／彼女は犬と散歩しています。
(5) 何本の木がありますか？
　　　―5本あります。

3 (130ページ) 音読見本 🔘 079
　　Question 🔘 080
　　Question＆解答例 🔘 081

●文章に関する質問と解答例
Question 1 :
Qu'est-ce qui peut occuper toute la longueur de la rue ?
— Ce sont les marchés.

Question 2 :
Comment sont les cris des marchands ?
— Ils sont parfois forts.

●イラストに関する質問と解答例
Question 3 :
Qu'est-ce que la femme choisit ?
— Elle choisit des pommes.

Question 4 :
Combien coûte un kilo d'oranges ?
— Ça coûte 2,10 euros.

Question 5 :
Il y a un homme à gauche.　Qu'est-ce qu'il fait ?
— Il téléphone.

●カードの文章
　　パリでは日曜日の朝でも街の市がたちます。

そこの商品はスーパーより安いです。市場は通りの端から端まで占めることもあります。商人たちの呼び声はときどき大声です。

●文章に関する質問と解答例
(1) なにが通りの端から端まで占めることがあるのですか？
　　　―市場です。
(2) 商人たちの呼び声はどんなふうですか？
　　　―それはときどき大声です。

●イラストに関する質問と解答例
(3) 女性はなにを選んでいますか？
　　　―彼女はリンゴを選んでいます。
(4) オレンジは1キロいくらですか？
　　　―それは2.10ユーロです。
(5) 左側に男性がいます。彼はなにをしていますか？
　　　―彼は電話をかけています。

4 (131ページ) 音読見本 🔘 082
　　Question 🔘 083
　　Question＆解答例 🔘 084

●文章に関する質問と解答例
Question 1 :
Où est-ce que les Français préfèrent passer leurs vacances d'été ?
— Ils préfèrent les passer en France.

Question 2 :
En été, qu'est-ce qu'on voit sur les autoroutes ?
— On y voit beaucoup de voitures rouler vers la mer ou vers la montagne.

●イラストに関する質問と解答例
Question 3 :
Qu'est-ce qui passe sa tête à la fenêtre de la voiture de queue ?
— C'est un chien.

Question 4 :
Qu'est-ce qu'il y a sur la voiture de tête ?
— Il y a des [deux] bicyclettes [vélos].

Question 5 :
Combien de voitures roulent sur les autoroutes ?
— Il y en a 5.

●カードの文章
　夏，ヴァカンスで外国へ，どちらかというとヨーロッパへ行くことを好むフランス人はますます増えています。とはいえ，彼らは依然としてフランス国内の旅行のほうを選びます。毎年夏になると，高速道路では海や山へ向かって走るたくさんの車が見られます。

●文章に関する質問と解答例
(1) フランス人は夏のヴァカンスをどこで過ごすことがより好きですか？
　　―彼らはそれをフランス国内で過ごすことがより好きです。
(2) 夏には高速道路でなにが見られますか？
　　―そこではたくさんの車が海や山へ向かって走るのが見られます。

●イラストに関する質問と解答例
(3) 最後尾車両の窓からなにが頭を出していますか？
　　―犬です。
(4) 先頭車両のうえにはなにがのっていますか？
　　―数台（2台）の自転車がのっています。
(5) 何台の車が高速道路を走っていますか？
　　―5台です。

5 (132ページ) 音読見本 🔊 085
　　Question 🔊 086
　　Question ＆解答例 🔊 087

●文章に関する質問と解答例
Question 1 :
Au Japon, en quelle saison ont lieu beaucoup de fêtes ?
— Elles ont lieu en été.

Question 2 :
Qu'est-ce qu'il y a sur l'autoroute ?
— Il y a d'énormes embouteillages.

●イラストに関する質問と解答例
Question 3 :
Qu'est-ce que les gens font autour de la tour ?
— Ils dansent.

Question 4 :
Combien d'enfants y a-t-il sur la place ?
— Il y en a sept.

Question 5 :
Il y a deux garçons à gauche.　Qu'est-ce qu'ils mangent ?
— Ils mangent une glace.

●カードの文章
　日本では，たくさんのお祭りが夏にあります。一年のこの時期，人々は帰省して家族に会ったり，旅行にでかけたりするためにヴァカンスをとります。すべての列車が満席になります。高速道路では大渋滞が起こります。

●文章に関する質問と解答例
(1) 日本では，多くの祭りはどの季節にありますか？
　　―それは夏にあります。
(2) 高速道路ではなにがありますか？
　　―大渋滞が起こります。

●イラストに関する質問と解答例
(3) 人々は櫓のまわりでなにをしていますか？
　　―彼らは踊っています。
(4) 広場には何人の子どもがいますか？
　　―7人います。
(5) 左側に2人の男の子がいます。彼らはなにを食べていますか？
　　―彼らはアイスクリームを食べています。

6 (133ページ) **音読見本** 088
　　Question 089
　　Question & 解答例 090

●文章に関する質問と解答例
Question 1 :
Quelle fleur les Japonais aiment-ils beaucoup ?
— Ils aiment beaucoup la fleur de cerisier.

Question 2 :
Où est-ce que les Japonais font la fête entre amis ?
— Ils font la fête entre amis sous les cerisiers en fleurs.

●イラストに関する質問と解答例
Question 3 :
Au centre, il y a une dame qui porte un chapeau. Qu'est-ce qu'elle fait ?
— Elle prend une photo.

Question 4 :
À droite, il y a un homme. Avec qui marche-t-il ?
— Il marche avec une fille.

Question 5 :
Combien d'arbres y a-t-il ?
— Il y en a six.

●カードの文章
　桜の花は日本人がとても愛している花です。3月の終わりから4月の終わりにかけて，みんなは，春の到来を告げる桜の最初の花々の開花を心待ちにします。この好機に，仲間内で花見の宴会を開くために開花した桜の木の下に集まります。

●文章に関する質問と解答例
(1) 日本人はどんな花をとても愛しているのですか？
　—彼らは桜の花をとても愛しています。
(2) 日本人はどこで仲間内の宴会を開きますか？
　—彼らは開花した桜の木の下で仲間内の宴会を開きます。

●イラストに関する質問と解答例
(3) 中央に帽子をかぶった女性がいます。彼女はなにをしていますか？
　—彼女は写真を撮っています。
(4) 右側に男性がいます。彼はだれと歩いていますか？
　—彼は女の子と歩いています。
(5) 木は何本ありますか？
　—6本あります。

実用フランス語技能検定模擬試験

1 (136ページ)
(1) ③ (2) ① (3) ② (4) ⑤
(1) 君の宿題を今すぐに始めなさい。
(2) 私はそのテニスの試合をテレビで観た。
(3) 私はその日のことをよく覚えている。
(4) 湖畔の桜の木は花が咲いている。

2 (137ページ)
(1) addition (2) possible (3) arrive
(4) peine (5) faute

3 (138ページ)
(1) promenait (2) a passé (3) a refusé
(4) rendra (5) es
(1) **A** 毎朝コリーヌは犬をひと回りさせていた。
    B 毎朝コリーヌは犬を散歩させていた。
(2) **A** フレデリックは3時間映画を見た。
    B フレデリックは映画を見て3時間過ごした。
(3) **A** 彼は私の企画を受け入れなかった。
    B 彼は私の企画を拒否した。
(4) **A, B** 秘書は彼（女）に経済状況に関して報告するだろう。
(5) **A** 君はどうしたの？
    B 君は調子がよくないの？

4 (139ページ)
(1) ③ (2) ② (3) ⑥ (4) ⑤ (5) ①
(1) ―私たちのためにギターを弾いてくださいますか？
    ―悪いけど，私はもうそれを弾いていません。
(2) ―私の質問に答えてください。
    ―はい，でも私はあなたがなにを知りたいのかわかりません。
(3) ―君はこの作家を知ってる？
    ―はい，私は彼の小説を何冊も読んだ。
(4) ―君はポールが離婚したことを知ってる？
    ―うん，みんながそのことを知ってる。それはだれにとっても秘密なんかじゃない。
(5) ―あなたは近所の人たち全員に聞いたのですか？
    ―はい，でもだれも答えることができませんでした。

5 (140ページ)
(1) ① (2) ② (3) ① (4) ③ (5) ①

三面記事でとりあげられることは思いがけなくて，たいていは悲劇的な出来事である。それは一般の人々の胸を打つ。**そういうわけで**，事故，犯罪，失踪，強盗，大惨事などが「三面記事」になる。これらの出来事は残念ながらありふれている。毎日至る所で発生している。したがって，それは**とるに足らない**はずなのだが。しかし，それがしばしばメディアの大見出しとなる。大衆はこうしたセンセーショナルなニュースにとても興味を示すと言わなければならない。というのは，人々は他人の不幸に心をひかれるからである。そして，それが自分たちと関わりがないことで安心する。

しかしそれだけではない。いくつかの三面記事は社会指標となる。それは人々が**どのように**行動するかを示すレーダーのような働きがある。

たとえば携帯電話の盗難はどれほど新しい科学技術がよこしまな所有欲をかきたてるかを示している。**もっと深刻なのは**，クサンティア暴風雨がフランス西部で47名の死者をだしたことがあった。それは自然の大惨事とばかりはいえなかった。人的ミスが悲劇の発端となった。こういう場合，三面記事でとりあげられたことは社会的出来事となる。というのは，それはだれにでも**関わりがある**からだ。

(1) ①そういうわけで
　　②それなら
　　③加えて
(2) ①かなり重要である
　　②ほとんど重要ではない
　　③とても重要である
(3) ①どのように

②どこで
　　③いつ
(4)①それほど悲劇的でないのは
　　②より容易なのは
　　③より深刻なのは
(5)①だれにでも関わりがある
　　②だれにも関わりはない
　　③何にも関わりはない

6 (142ページ)
(1)②　(2)②　(3)①　(4)②　(5)①　(6)②
　ラヴィはカンボジア西部に住んでいる。その事故が起こったとき，彼女は8歳だった。両親は畑を耕していた。彼女は数メートル離れたところから2人を見ていた。爆音が聞こえたのはそのときである。彼女はそのあとのことはもうなにも覚えていない。父親はその場で亡くなった。彼女は病院で目を覚まし，脚を切断しなければならなかったという説明を聞いた。彼女は何カ月も入院していた。それは長く苦しかった。退院したとき彼女はもう歩くことができなかった。のちに母親は，村から1時間半のところにある「国際ハンディキャップ」が運営するリハビリセンターへ彼女を連れて行くようにすすめられた。
　協会は寸法に合わせて義脚を作ってくれた。彼女は歩き方を学ぶために機能回復訓練を続けた。
　現在彼女は，経過観察を続け，義脚を交換するために年に3回センターに通っている。成長が早いので，彼女はすでに6個の義脚をもらった！　徐々に普通の生活ができるようになってきた。義脚で毎日学校へ行き，仲間たちと同じ活動に参加できる。彼女にとって授業に出ることは重要である。というのは，他の人たちを治療してあげるために，できたらいつの日か看護師か医者になりたいと思っているからだ。
(1)事故が起こったとき，ラヴィは両親の畑仕事を手伝っていた。
(2)爆音を聞いたあと，ラヴィには地雷が爆発したことを理解する時間があった。
(3)ラヴィが病院で目を覚ましたとき，片方の脚がなかった。
(4)ラヴィのリハビリには何時間もかかった。
(5)ラヴィは5回義脚を取り替えた。
(6)現在ラヴィは看護師として患者を治療している。

7 (144ページ)
(1)③　(2)①　(3)②　(4)①　(5)①

マルタン夫人：こんにちは，奥さん。お元気ですか？
ラフォン夫人：はい，私は元気です，ありがとうございます。で，あなたはよくなりましたか？
マルタン夫人：ええ，私はよくなりました。でも，息子のレオナールの調子が最近あまりよくありません。
ラフォン夫人：そう？　**彼になにがあったのですか？**
マルタン夫人：彼は数年まえからあまり順調とはいえない企業で働いていました。そして解雇されたんです。
ラフォン夫人：**うそでしょう！**
マルタン夫人：残念ながら，そうなんです。そのうえ，1週間まえに交通事故にあいました。脚を骨折して…
ラフォン夫人：おや，おや，かわいそうなレオナール。**彼はついていないわ！**　それで，お嬢さんのクローディーヌはお元気？
マルタン夫人：あの子のことは言わないでください！　ファッション業界に飛びこむために学業をやめると決めたんです！　彼女はファッションモデルになりたいんです。若い人たちは，**かならずしも簡単にはいきません。**

ラフォン夫人：そうですね，あなたのおっしゃるとおりです，でも**仕方ないですね**。
(1) ①どのようにしてそんなことが起こったのですか
　　②彼は病気ですか
　　③彼になにがあったのですか
(2) ①うそでしょう
　　②それはありえます
　　③そのとおりです
(3) ①彼はついています
　　②彼はついていません
　　③仕方ありません
(4) ①かならずしも簡単ではありません
　　②あいかわらず難しくはありません
　　③それは当然です
(5) ①仕方ありません
　　②私たちは若くありません
　　③それはよかった

書き取り試験問題（148ページ）🔘 091

　Dimanche dernier, je suis allée visiter la tour Eiffel avec une amie. Nous avons pris l'ascenseur et nous sommes montées au troisième [3ᵉ] étage. De là, nous avons regardé Paris. Il faisait très beau et nous pouvions voir des jardins et des tours. La capitale de la France est une très belle ville.

訳：このまえの日曜日私は友人とエッフェル塔を見学に行った。私たちはエレベーターに乗り，4階にあがった。そこから，パリを眺めた。天気が良かったので，あちこちの庭やタワービルを見ることができた。フランスの首都はじつに美しい町だ。

聞き取り試験問題（148ページ）

1　🔘 092
(1) (dernier) / (tournée)
(2) (complet) / (semaines)
(3) (quelques) / (19)　(4) (85)　(5) (carte)

●読まれるテキスト

François: Bonjour, je voudrais deux places pour le concert de Klima.
L'employée: Oui, lequel ?
François: Le dernier concert de sa tournée, le 20 novembre prochain.
L'employée: Vous venez trop tard, il n'y a plus de place depuis longtemps.
François: Ah bon ? Mais pourtant, c'est dans six mois.
L'employée: Oh, mais tout est complet depuis plus de trois semaines.
François: Oh non… Je me faisais une joie d'y aller. Vous n'avez pas des places pour un autre jour ?
L'employée: Attendez, je regarde… Ah, vous avez de la chance, il reste quelques places pour le 19 novembre. Vous avez vraiment de la chance.
François: Oh, super. Je prends les places bien sûr.
L'employée: Alors ça fera 85 euros, pour les deux places. Par carte ou par chèque ?
François: Par carte… Merci, madame, au revoir… Et bonne journée.

●読まれる質問と返答

(1) Auquel des concerts de Klima est-ce que François veut assister ?
　—Il veut assisiter au **dernier** concert de sa **tournée**.
(2) François a-t-il acheté des places pour

42

le concert qui a lieu le 20 novembre prochain ?
— Non, tout était **complet** depuis plus de trois **semaines**.
(3) François a-t-il fini par acheter des places ?
— Oui, il restait **quelques** places pour le **19** novembre.
(4) Les places, ça fait combien ?
— Ça fait **85** euros pour les deux places.
(5) Comment est-ce que François a payé ?
— Il a payé par **carte**.

●読まれるテキスト
フランソワ：こんにちは，クリマのコンサートの席を2席欲しいのですが？
従業員：はい，どれですか？
フランソワ：ツアーの最後のコンサート，今度の11月20日のものです。
従業員：来るのが遅すぎます。ずっとまえからもう席はありません。
フランソワ：そう？　でも6カ月後の話ですよ。
従業員：しかし3週間以上まえから満席です。
フランソワ：信じられない。コンサートへ行くのを楽しみにしていたのに。ほかの日の席はありませんか？
従業員：お待ちください，見てみます。あっ，あなたはついてる。11月19日の席が数席残っています。あなたはほんとうに運がいい。
フランソワ：すばらしい。もちろんその席をいただきます。
従業員：では，2席分で85ユーロになります。カードで払いますか，それとも小切手？
フランソワ：カードで。ありがとう，さようなら。いい1日を。

●読まれる質問と返答
(1) フランソワはクリマのコンサートのなかのどれを観たいのですか？
— 彼はツアーの最後のコンサートを観たいと思っています。
(2) フランソワは今度の11月20日に行なわれるコンサートの席を購入しましたか？
— いいえ，3週間以上まえから満席でした。
(3) 結局フランソワは席を購入できたのですか？
— はい，11月19日の席がいくつか残っていました。
(4) 座席料はいくらですか？
— 2席分で85ユーロです。
(5) フランソワはどのようにして支払いましたか？
— 彼はカードで支払いました。

2 (149ページ) 093
(1) ①　(2) ①　(3) ②　(4) ①　(5) ②
(6) ②　(7) ①　(8) ②　(9) ①　(10) ②

J'ai quitté la banlieue pour venir sur Paris. J'ai vécu dans la banlieue jusqu'à mes 13 ans et j'y ai passé les meilleures années de ma vie. Les gens sont sympathiques, tout le monde disait bonjour, la forêt et la rivière se trouvent dans les environs, les promenades sont agréables mais le seul inconvénient, c'était les transports ! Pour le shopping, on devait prendre le RER pour aller jusqu'au centre commercial et, aller et retour, on mettait deux heures mais mis à part ça, j'ai pu vivre en pleine liberté durant mon enfance. J'ai dû quitter cette ville pour le travail de mon père et le déménagement a été un grand changement dans ma vie. Au début, je disais bonjour à tout le monde mais personne ne me répondait. J'ai connu le vrai stress parisien. Le seul point positif que je donnerai pour Paris, c'est l'endroit idéal pour les études et le shopping.

●読まれるテキストの内容について述べた文
(1) Louise a vécu dans la banlieue jusqu'à ses 13 ans.
(2) La vie en banlieue a plu à Louise.
(3) D'après Louise, les gens qui vivent en banlieue sont méchants.
(4) La banlieue est favorisée par l'environnement naturel.
(5) Louise devait prendre le métro pour aller faire son shopping.
(6) Louise mettait deux heures pour aller au centre commercial.
(7) Louise a passé son enfance heureuse dans la banlieue.
(8) Louise a quitté la banlieue pour entrer à l'université.
(9) Au début, Louise a salué tout le monde à Paris comme dans la banlieue.
(10) D'après Louise, Paris est l'endroit idéal pour les loisirs et le shopping.

●読まれるテキスト
　私はパリへ来るために郊外を離れた。13歳まで郊外で暮らし，そこで人生最良の時期を過ごした。人々は感じがよくて，みんなあいさつをしていた。森と川が近くにあって，散歩は心地よい。唯一不便だったのは交通手段だ。買いものにはショッピングセンターまで行くためにRER（réseau express régional 首都圏高速交通網）に乗らなければならなかった。往復に2時間かかった。しかし，そのことをのぞけば，子どものころは自由を満喫して生活することができた。私は父の仕事の関係でこの町を離れなければならなかった。そして転居は私の人生における一大転機となった。はじめ私はだれにでもあいさつしていたがだれも答えなかった。私はほんとうのパリのストレスを知った。パリについてたった1つプラス面をあげるとすれば，勉学と買いものには理想的な場所だということだ。

●読まれるテキストの内容について述べた文
(1) ルイーズは13歳まで郊外で暮らした。
(2) 郊外での生活はルイーズの気に入っていた。
(3) ルイーズによれば，郊外で暮らしている人たちは意地悪である。
(4) 郊外は自然環境に恵まれている。
(5) ルイーズは買いものへ行くのに地下鉄に乗らなければならなかった。
(6) ルイーズはショッピングセンターへ行くのに2時間を要していた。
(7) ルイーズは郊外で幸せな少女時代を過ごした。
(8) ルイーズは大学に入学するために郊外を離れた。
(9) はじめ，ルイーズは郊外でと同じように，パリでもみんなにあいさつしていた。
(10) ルイーズによれば，パリはレジャーと買いものには理想的な場所である。

2次試験
問題カードA（150ページ）　音読見本 🔊 094
　　Question 🔊 095
　　Question & 解答例 🔊 096

●文章に関する質問と解答例
Question 1 :
Pourquoi la mairie de Paris a-t-elle créé « Paris Plages » ?
— Parce que tous les Parisiens ne partent pas en vacances.

Question 2 :
Combien de temps les quais de la Seine sont-ils interdits à la circulation automobile ?
— Ils sont interdits à la circulation automobile pendant un mois.

●イラストに関する質問と解答例
Question 3 :
Il y a une femme assise sur la chaise.

Qu'est-ce qu'elle fait ?
— Elle lit (un livre).

Question 4 :
Il y a un garçon à droite. Qu'est-ce qu'il y a derrière lui ?
— Il y a un vélo [une bicyclette].

Question 5 :
Combien de parasols y a-t-il ?
— Il y en a neuf.

●カードの文章
　パリ市役所は「パリ・プラージュ」を創設した。パリ市民が全員ヴァカンスへでかけるわけではないからだ。1カ月間、セーヌ河の河岸通りは自動車の通行が禁止され、デッキチェアとパラソルの砂浜に変わる。

●文章に関する質問と解答例
(1)パリ市役所はなぜ「パリ・プラージュ」を創設したのですか？
　—すべてのパリ市民がヴァカンスへでかけるわけではないからです。
(2)セーヌ河の河岸通りに自動車の通行が禁止されるのはどれくらいの期間ですか？
　—そこは1カ月間自動車の通行が禁止されます。

●イラストに関する質問と解答例
(3)いすに座っている女性がいます。彼女はなにをしていますか？
　—彼女は読書して（本を読んで）います。
(4)右側に少年がいます。彼のうしろにはなにがありますか？
　—自転車があります。
(5)パラソルは何本ありますか？
　—9本あります。

問題カードB（151ページ）音読見本 🔊 097
　　　　Question 🔊 098
　　　　Question ＆ 解答例 🔊 099

●文章に関する質問と解答例
Question 1 :
Au Japon, qu'est-ce que les petites filles offrent à leurs amies le 3 mars ?
— Elles offrent du thé et des gâteaux.

Question 2 :
Quand a lieu la fête des petits garçons ?
— Elle a lieu le 5 mai.

●イラストに関する質問と解答例
Question 3 :
Il y a une dame à droite. Qu'est-ce qu'elle porte dans les bras ?
— Elle porte son bébé.

Question 4 :
Comment sont les cheveux de la petite fille ?
— Ils sont longs.

Question 5 :
Il y a combien de poupées sur les étagères ?
— Il y en a quinze.

●カードの文章
　3月3日、日本では女の子のための祝いの日です。彼女たちはひな人形を見にくるように友だちを誘い、お茶とお菓子をふるまいます。なかには、きれいな着物を着て、プレゼントをもらう少女もいます。男の子のお祝いはもっとあとの5月5日です。そのときは、鯉のぼりを空に泳がせます。

●文章に関する質問と解答例
(1)日本では、3月3日に女の子が友だちになにをふるまいますか？
　—彼女たちはお茶とお菓子をふるまいます。
(2)男の子のお祝いはいつ行なわれますか？
　—それは5月5日にあります。

●**イラストに関する質問と解答例**

(3) 右に女性がいます。彼女は腕になにを抱いていますか？
　―彼女は赤ん坊を抱いています。
(4) 女の子の髪はどんな様子ですか？
　―それは長いです。
(5) ひな壇にはいくつの人形が飾られていますか？
　―15体飾られています。

Diplôme d'aptitude Pratique au Français

準**2**級